水乡探秘

本册主编：孙雅琴

本册副主编：张 翀　顾 维

本册编者：张 燕　钱 玲　吴志兰
　　　　　　周先荣　钱 毅　匡建新
　　　　　　张慧婕　张渝帆　杜晓丽
　　　　　　浦 彤　郑建英

苏州大学出版社

图书在版编目(CIP)数据

水乡探秘 / 孙雅琴主编. —苏州：苏州大学出版社，2018.10(2019.9重印)
("苏式"STEAM精品课程系列丛书 / 马建兴主编)
ISBN 978-7-5672-2618-0

Ⅰ.①水… Ⅱ.①孙… Ⅲ.①科学知识－初中－教材 Ⅳ.①G634.71

中国版本图书馆CIP数据核字(2018)第227804号

水乡探秘

孙雅琴　主编

责任编辑　张　凝

助理编辑　孔舒仪

苏州大学出版社出版发行
(地址：苏州市十梓街1号　邮编：215006)
虎彩印艺股份有限公司印装
(地址：东莞市虎门镇陈黄村工业区石鼓岗　邮编：523925)

开本 890 mm×1 240 mm　1/16　印张 8.25　字数 225 千
2018 年 10 月第 1 版　2019 年 9 月第 3 次印刷
ISBN 978-7-5672-2618-0　定价：38.00 元

苏州大学版图书若有印装错误，本社负责调换
苏州大学出版社营销部　电话：0512-67481020
苏州大学出版社网址　http：//www.sudapress.com

编 委 会

丛书顾问：崔　鸿　严惠禹泓

丛书主编：马建兴

丛书副主编：周先荣　孙雅琴　吴　洪

执行编委：张　凝

编　　委：（按照姓氏笔画排序）

王　波　王　健　朱家华

许秋红　李伟根　张　云

张　琴　张　锋　陈　苇

陈　严　陈有志　陈海涛

罗天涛　季忠云　周　颖

项春晓　唐晓辰　解凯杉

时下，STEAM教育在美洲、欧洲、亚洲等地大热，俨然已成为各大发达国家教育发展的趋势与潮流。STEAM旨在加强关于科学、技术、工程、艺术以及数学的教育。在STEAM教育中，项目是组织形式，兴趣是驱动，知识是基础，素养与能力是关键。这对于创新人才的培养意义深远。

从"中国制造"走向"中国创造"，进而实现"中国智造"，STEAM教育是基础教育阶段科技教育的重要启蒙，可以提高学生的科学素养和实践能力，是实现伟大中国梦的重要基础。2015年9月初，教育部发布的《关于"十三五"期间全面深入推进教育信息化工作的指导意见（征求意见稿）》中就曾明确指出，建议学校"探索STEAM教育"。从国家层面来看，STEAM目前已经进入我国国家课程标准之内。2017年教育部印发的《义务教育小学科学课程标准》中，特别把STEAM教育列为新课程标准的重要内容之一。

STEAM教育其实是基于标准化考试的传统教育理念的转型，它代表着一种现代的教育哲学，更注重学习的过程，而不是结果。与考试相反，我们希望学生们创造能够应用于真实生活的知识。所以，STEAM教育不是在桌椅整齐的教室上课，而是在充满木板、锉刀、画笔、电线、电路板、芯片、3D打印机、显微镜、解剖刀、温度计，以及各种奇怪教育科技产品的工作坊内"玩科学"，抑或是带着各种仪器装备，去湖泊、草地、农场、树林，甚至是沼泽地等开展实践研究。

苏州是中国首批24座国家历史文化名城之一，有近2 500年的历史，是吴文化的发祥地，也是著名的风景旅游城市、国家高新技术产业基地、长江三角洲城市群重要的中心城市之一、江苏长江经济带的重要组成部分。苏州属亚热带季风气候，四季分明，降水充沛。这里适宜种植水稻、小麦等粮食作物；有油菜、棉花、蚕桑、茶叶和林果等经济作物；也有长江刀鱼、太湖银鱼、阳澄湖大闸蟹等地方特色水产。

2006年11月，中共苏州市委根据各方意见，将"崇文、融和、创新、致远"确立为苏州城市精神。而STEAM教育强调跨学科综合，强调技术和工程，倡导以实际问题为导向，开展基于项目的深度学习，从而培养学生"逻辑思考、解决问题、批判性思维、创造力和合作能力"等核心素养。因此，STEAM教育理念本质上是与苏州的城市精神相统一的，都强调融合、创新、发展，均注重科学精神与人文思想的统一，重在培养人的素养。

基于"立德树人"的教育立场，融STEAM理念和苏州地方特色于一体，我们编写了"'苏式'STEAM

精品课程系列丛书"。本丛书选取了具有苏州地方特色且贴近学生生活的素材，分别以"苏州印记""水乡探秘""能工巧匠"为主题，开发了"大自然的记忆——苏州的自然条件""大自然的馈赠——苏州的生物多样性与保护""烟雨姑苏茶飘香——苏州茶文化和采茶制茶""蝶之舞——江苏地区蝴蝶的监测及保护""桑·蚕·文化——江浙地区蚕桑栽培、饲养及丝绸文化""似水流年——苏州水文化及水环境保护""姑苏一品 水中'八仙'——苏州几种典型的湿地经济作物及其价值""水泽洞庭蕴天宝——太湖洞庭山及其特色水果的研究""水乡·水产·水韵——从'太湖三白'到'长江三宝'""鸟悦太湖——太湖湿地鸟类研究""果园飘香——苏州特色水果介绍与果树栽培""'拔苗助长'——苏州特色经济作物的快繁与复壮""'玫''桂'有约满庭芳——玫瑰与桂花的栽培与应用""明眸善睐——眼科学与视力保护及矫正""'菌菌乐道'——舌尖上的微生物"共15个STEAM课程，旨在让学生通过基于项目的实践活动，认识苏州的气候环境、风土人情、特色生物、科技发展、文化艺术……以培养学生的创新意识、科学思维、探究能力、工程素养、信息技术素养以及合作交往能力等关键能力。在这里，孩子们可以共同探究科学之真谛，了解技术之运用，掌握工程之方法，欣赏自然之美。我们致力于从实践出发，循序渐进地发展孩子的核心素养，在实践中培养他们的创造力和想象力。

本丛书是江苏省"十二五"规划重点资助课题"优化初中生物实验教学策略的实践研究"的研究成果。课题研究承担单位为苏州市教育科学研究院、苏州市吴中区木渎南行中学、北京外国语大学附属苏州湾外国语学校、苏州市吴中区中小学生综合实践学校。感谢苏州市教育科学研究院丁杰院长对本项目一直以来的关心和支持，感谢华中师范大学崔鸿教授、北京师范大学王健教授、南京师范大学解凯彬教授等专家对本书撰写过程的悉心指导与后期的细致审校。感谢本书的作者们夜以继日地开展的卓有成效的工作，这些作品代表了作者们的思想，更传播了一种STEAM教育的精髓——强调跨界，倡导合作，重在实践，关心生活，关注发展，并感受人文与艺术之美。

舞动青春，融创智慧，筑梦天下！

我们以梦为马，定将不负韶华。

是为序。

马建兴　于苏州

2018年8月

编写说明

苏州素有"天下粮仓""鱼米之乡"之美誉，其境内河港交错，湖荡密布，长江和京杭运河贯穿市区之北，"君到姑苏见，人家尽枕河"，古韵苏州因为水而被马可·波罗誉为"东方的威尼斯"。其实，这些河道船楫如梭的时候，威尼斯还只是一片荒原。苏州的每一个湖泊，每一条河流，乃至河道上的每一座桥，都蕴藏着丰富的自然和人文资源。约 2 500 年的文化沉淀，让苏州仿若一位温文尔雅、饱读诗书的智者，处处弥漫着墨香和睿智。当你漫步"水乡"，行走于弄堂、巷陌之间时，便是在亲自去探寻江南水乡的秘密。

本书汲取苏州水文化的精髓，精心选取苏州的湿地资源及其衍生产品为素材，以贴近学生生活实际为导向，开发了"水乡探秘"主题的 STEAM 系列精品课程。本课程包括"似水流年——苏州水文化及水环境保护""姑苏一品 水中'八仙'——苏州几种典型的湿地经济作物及其价值""水泽洞庭蕴天宝——太湖洞庭山及其特色水果的研究""水乡·水产·水韵——从'太湖三白'到'长江三宝'"和"鸟悦太湖——太湖湿地鸟类研究"五章。旨在让学生通过基于项目的实践活动，认识苏州的水环境，探秘水乡特色物产，培养学生的创新意识、科学思维、探究能力、工程素养、审美情趣、信息技术素养以及合作交往能力等关键能力和必备品格。在这里，学生们可以共同探究科学之真谛，了解技术之运用，掌握工程之方法，欣赏自然之美。我们致力于从实践出发，循序渐进地发展学生的核心素养，在实践中培养学生的创造力和想象力。

本书内容丰富，图文并茂，充满诗情画意；章节学习目标明确；学习内容充满趣味，并且饱含苏州传统文化的味道；技能训练要求具体；章节评估注重实践成果展示，充分体现重要概念的理解和大概念的建构，科学思维的发展，实践技能的运用；延伸探究注重学习与生活相联系，注重生产、生活中的真实问题的科学解决之道。值得注意的是本书不仅仅是提供基于生物、地理、物理、化学与数学等学科知识融合为主体的 STEAM 课程设计，更重要的是以此为案例传递 STEAM 的教育理念，探讨 STEAM 教学方法，为践行从 STEAM 教育走向"创客"教育探寻出路，为促进学习者深度学习提供参考，为学生的终身发展奠定基础。

第1章 似水流年
——苏州水文化及水环境保护 / 1

第1节 小桥流水人家——苏州水文化 / 2

第2节 古城命脉——苏州水环境和水污染 / 6

第3节 可持续发展——苏州水环境保护 / 12

第4节 苏州的古桥 / 17

第2章 姑苏一品 水中"八仙"
——苏州几种典型的湿地经济作物及其价值 / 21

第1节 "水八仙"的真颜 / 22

第2节 "水八仙"的真味 / 39

第3节 "水八仙"的真韵 / 50

第3章 水泽洞庭蕴天宝
——太湖洞庭山及其特色水果的研究 / 65

第1节 太湖水的恩赐——美丽洞庭 / 66

第2节 四季精华——枇杷 / 71

第3节 植物界的大熊猫——银杏 / 77

第4节 初疑一颗价千金——杨梅 / 82

第4章 水乡·水产·水韵
——从"太湖三白"到"长江三宝" / 88

第1节 水乡水产初印象——认识地方特色水产品 / 89

第2节 水乡水产水韵深——地方文化的力量 / 97

第5章 鸟悦太湖
——太湖湿地鸟类研究 / 103

第1节 草长平湖白鹭飞——鸟与湿地 / 104

第2节 莺歌解作千般语——知鸟 / 107

第3节 笑看山前百鸟过——观鸟 / 113

第4节 巧借春阴护鸟鸣——护鸟 / 118

第 1 章 似水流年
——苏州水文化及水环境保护

"苏州终究是水做的。"水在苏州人的心中,素来就有很重的分量。唐代杜荀鹤这样形容苏州的水:"君到姑苏见,人家尽枕河。"飘逸灵秀的水,是苏州人的骄傲,同时也是苏州的灵魂。苏州的水与别处不同,没有选择江河的奇险,也没有选择沧海的磅礴,而偏偏选择了平静、安逸。苏州水的性格,也间接影响了苏州人柔的性格。苏州人的柔,不是柔弱的柔,却是柔韧的柔,更是百炼钢化为绕指柔的柔。苏州,自古以来盛产精粮细米、鲜蟹活虾、白藕红菱……这些,也滋养出了苏州人如水一般的内向、灵秀、精致与温柔。这水,既繁荣了经济,又滋养了文化。

内容提要

* 苏州水文化及保护价值
* 苏州水环境构成和水污染现状
* 学会一种方法来测量水质
* 了解污水处理
* 尝试建造桥梁模型

本章学习意义

"绿水青山,就是金山银山。"姑苏是有千年历史的繁华水城,通过本章学习,你将发现水是如何影响了苏州的文化,而现今的城市发展又给水带来了什么变化,以及我们如何合理利用水资源,保护水环境,保护自然,达成人与自然和谐共存,提升社会责任感。

那么,苏州的水与土地相缠绵,曾经滋养出了怎样的苏州文明呢?新时代的苏州,在水环境保护与生态文明打造中,面临怎样的机遇与挑战?又取得了哪些丰硕成果呢?

第 1 节 小桥流水人家
——苏州水文化

学习目标

了解 苏州水文化的多方面体现

概括 苏州水文化的含义

实践 从一个角度探寻和介绍苏州水文化；谈谈对保护苏州水文化的看法

关键词

- 苏州水文化

科学思维

观察图片，尝试用一些词语来归纳图片中体现出来的典型苏州元素。

图 1-1-1　山塘街景

图 1-1-2　太湖水面

水，是苏州的灵魂。"月落乌啼霜满天，江枫渔火对愁眠。姑苏城外寒山寺，夜半钟声到客船。"一首《枫桥夜泊》，让无数人对美丽的姑苏城心驰神往。提起苏州，人们总不免说上几句"天堂水乡""人家尽枕河""东方威尼斯"等溢美的话语。漫步姑苏古城，粉墙黛瓦、绿水人家，构成了一幅自然舒适的美丽画卷。

一　苏州水文化

苏州城依水而建，形成了独特的水文化。水给予我们丰富的食物——阳澄湖大闸蟹、"水八仙""太湖三白"名扬天下；水给予我们美丽的景观——园林中小巧的池塘湖泊、大街小巷的水井、湿地公园、芦苇荡吸引着众多游人；水给予我们兴盛的机会——护城河环绕苏城保一方太平、四通八达的水系构建起了交流和运输的通道。苏州因水而生、因水而盛、因水而美，苏州水文化值得我们好好学习和传承。

阳澄湖大闸蟹

拙政园水景

平江路一景

护城河景象

图 1-1-3　苏州水文化

苏州水文化博大精深，包含景观、行为、心理等方面。它能被我们观察到、欣赏到，也存在于我们的日常行为和思维模式之中。我们常说姑苏"秀慧、细腻、柔和、智巧、素雅"，苏州人拥有聪慧柔韧的品格，说柔软古韵的方言，住水陆并行的姑苏民居，唱柔情似水的昆曲，吃清雅宜人的太湖船菜，著名的苏州园林也有着雅致的水景。这些都是姑苏水文化的表现。

艺术鉴赏

《送人游吴》

杜荀鹤

君到姑苏见，人家尽枕河。
古宫闲地少，水港小桥多。
夜市卖菱藕，春船载绮罗。
遥知未眠月，乡思在渔歌。

探究·实践

探寻苏州水文化

3~5人为一小组，利用网络，选取苏州水文化中你们最感兴趣的一个方面，搜索资料，就该方面向全班同学进行展示。最终尝试回答为什么要保护苏州水文化？我们能为苏州水文化保护提出哪些建议或措施？

注意事项：

1. 你们为什么选择这个方面？它属于苏州水文化的哪个层面？
2. 它有什么特点？和苏州的水是如何联系的？
3. 它的历史起源、目前发展和保护状况如何？
4. 你们认为它的精髓是什么？你们能将它在课堂上表现出来吗？
5. 尝试使用图画、表演、朗诵等多种形式进行展示。

二 保护苏州水文化的意义

苏州水文化是城市的名片，在工业化、城市化的今天，苏州依然保持了较为良好的城市和人文风貌，古韵犹存，这在全国乃至全球都是十分独特的。

苏州水文化依托环境，蕴涵着人与自然和谐共存的思想，保护苏州水文化也是在保护苏州生态环境。我们可以发现，身边建起了越来越多的景观带、市民公园和自然保护区。环古城风貌带、太湖湿地公园、水乡周庄等等，不仅为人们提供了休闲娱乐健身的好去处，也滋养着周边的生物，净化调节了区域小环境。

苏州水文化还给予了当地人们特有的生活习惯和思维方式。"上善若水，厚德载物。"意思是水有滋养万物的德行，它使万物得到它

知识链接

"老苏州"眼中的山塘街就是苏州，苏州就是山塘街。山塘不过七里，岁月已是千年。公元825年，白居易来苏州做太守，将苏州城外西北河道进行疏浚，利用自然河浜开挖成直河，便于行舟，称山塘河。又将挖出的泥土填堆成长堤，后人称之为"白公堤"，堤长七华里，又称七里山塘。山塘街枕水而成，成为苏州最鲜明的地理名片。

你知道古镇木渎也有一条山塘街吗？

图1-1-4 苏城水景观带

知识链接

根据国家交通运输部公布的2017年规模以上港口货物吞吐量数据显示,全国吞吐量过亿吨的大港共有36个,其中苏州港排在宁波舟山港、上海港之后,位列第三。太仓港全境集装箱航线有192条,基本确立了江海联运中转枢纽港的地位。2017年货物吞吐量达2.49亿吨,加上张家港和常熟港,2017年苏州港货物吞吐总量达5.74亿吨。

知识链接

漕运是指中国古代政府将征收来的大部分粮食、货币等各种物资,通过水路（水路不通之地辅以陆运）运往京师或其他指定地点所形成的一整套组织和管理制度。这种制度又称为漕转（转漕）。京杭大运河是古代漕运的重要干线,直至今日依旧发挥着作用。

的利益,而不与万物发生矛盾、冲突。我们从水中学习,应四季而生活,在慢节奏中享受生活,明旷洞达,谦谨柔和,苏州的水陶冶了我们的情操。

苏州水文化还提供了商业、航运上的便利。运河的开通、水道的疏浚,有利于物资的交流,促进了商业繁荣。苏州自古以来是东南一都会,鱼盐金属在这里会聚交流。唐宋时期,市场热闹,几乎相当于半个国都长安,已在沿河重要集镇开辟草市。明清时期,苏州成为中国第一等繁华之地,从枫桥到阊门,沿运河商铺林立,楼馆相连。那些琳琅满目的物品,在这里买卖,通过河道销向城乡各地。直至今天,河道依然在苏州运输行业中扮演重要角色,如江苏省最重要的港口之一——苏州港。2017年交通部数据显示,内河港口中苏州港口货物、旅客吞吐量位居全国第三。

图1-1-5 苏州港（太仓）

苏州,一座因水而生的城市,千百年来,水孕育了生命,造就了美丽和富饶,形成了独具特色的苏州水文化。

本节自我评估

一、概念理解

下列选项中不属于苏州文化的是（　　）。

A．河上建造的古桥　　　B．"水八仙"　　　C．临水的电脑公司　　　D．四季的太湖船菜

二、思维拓展

　　归纳苏州水文化的关键词，并尝试找出一些诗词与之对应。

三、技能训练

1．学说一句苏州话，学唱一段昆曲。

2．利用节假日，选择一处苏州水景观，和家人朋友一起感受美景及其周边文化风俗。

　　在游玩的时候，注意：

　　（1）这处水景的水质以及生物资源情况，并取一矿泉水瓶水样备用（注意安全！）。

　　（2）请你将这次实践调查中观察到的苏州水文化写成小短文，可以附上照片、图片。

第 2 节 古城命脉
——苏州水环境和水污染

学习目标

了解　苏州水环境构成及现况
操作　学会简单的测试水质方法
实践　通过调查，了解苏州水污染状况

关键词

- 水环境
- 水污染

从伍子胥相水尝土造苏州城第一口井起，水就和苏州城分不开了。相传吴王夫差用井水洗过头，文天祥用苏州井水洗过战袍，唐伯虎用苏州井水润过画笔。水是我们的历史，是我们的灵魂，是我们的梦回故乡。时间如白驹过隙，人与事悄然流逝，苏城的水在这里见证着一砖一瓦的更迭。现代化的今天，时间也在苏州水上留下了印记，不知再过2 500年它是否依然如故？

一　苏州水环境

苏州境内河港交错，湖荡密布。古城外围，西有太湖、漕湖；东有淀山湖、澄湖；北有昆承湖；中有阳澄湖、金鸡湖、独墅湖。

图 1-2-1　苏州的城市湿地　　图 1-2-2　手绘大市水域分布

古城内围，从宋代《平江图》和清代《三横四直碑》中都能看出苏城自古就有详细的水系规划，护城河包围全城，城内"三横四直"的水系同长江及京杭大运河连通。

城区内还有许多古井，著名的有道前街青石古井、仓街福寿泉、天库前源源井等，有些还流传着美丽传说，比如西施曾用以梳妆的吴王井。据统计，1949年之前苏州曾有古井2万口左右。

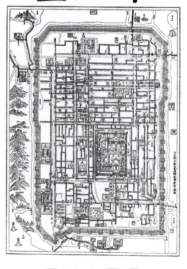

图 1-2-3　平江图

知识链接

相传吴王夫差宠爱西施，在灵岩山筑馆娃宫避暑，吴王井就是为解决当时山顶饮用水短缺而建，也是苏州保存至今的第一口井。此井大而阔，据说西施常坐井边，以井水为镜梳妆打扮。

青石古井

福寿泉

源源井

吴王井

图1-2-4　苏州古井

二　苏州水污染

"上有天堂，下有苏杭。"苏州的水穿梭了大街小巷，积淀在历史里。古往今来，城市在发展，工业化的新苏州也给当地水环境带来了一定影响。

图1-2-5　城市河道保洁

工业、农业、生活中的污染物溶解于水中，并通过水体运动到很远的地方。在水流通缓慢的区域，有时我们也能看到固体垃圾漂浮在水面上。这些污染物种类繁多，会对周围的生物产生不良影响。

生活污水　生活污水是人类日常活动产生的废水，来自住宅、学校、医院、卫生间、饭店等。这些污水中除了人身上携带的病菌，还含有大量有机物（如蛋白质、碳水化合物、脂肪、尿素、氨氮等）。未经处理的污水中病菌会大量繁殖，同其他水生生物抢夺氧气和营养物质；假如污水被人畜直接饮用，则很可能致病。

> **知识链接**
>
> **古井保护项目之古井拓片**
>
> 古井是散落在苏州古城大街小巷的珍珠。随着城市发展，它们正在慢慢淡出人们的生活。为了留住承载着千百年历史的古井倩影，让市井文化代代相传。我们可以采用拓片的方式把这些古井的模样保留下来。
>
> 首先把井口、井圈表面清洗干净，然后用白芨水把整个井圈和井口涂一遍，再用大小合适的宣纸盖上，将纸润湿，用毛刷轻轻敲捶，使湿纸贴附在井圈和井口表面。等湿纸稍干后，用扑子蘸适量的墨，敷匀在扑子面上，在突起的物象上轻轻扑打，就会形成黑白分明的拓片。
>
> 为古井做拓片可不是简单的事情，它是一项古老的传统技艺，因其难度较高且要求严格，现在掌握这一技艺的人越来越少。
>
>
>
> 图1-2-6　古井拓片

> **知识链接**
>
> 生活饮用水卫生标准是从保护人群身体健康和保证人类生活质量出发，对饮用水中与人群健康的各种因素（物理、化学和生物），以法律形式做的量值规定，以及为实现量值所做的有关行为规范的规定，经国家有关部门批准，以一定形式发布的法定卫生标准。2006年底，卫生部会同各有关部门完成了对1985年版《生活饮用水卫生标准》的修订工作，并正式颁布了新版《生活饮用水卫生标准》（GB5749-2006），规定自2007年7月1日起全面实施。

> **知识链接**
>
> ### 污染事件——水俣病
>
> 1956年，日本熊本县水俣镇一家氮肥公司排放的废水中含有汞，这些废水排入海湾后经过某些生物的转化，形成甲基汞。这些汞在海水、底泥和鱼类中富集，又经过食物链使人中毒。当时，最先发病的是爱吃鱼的猫。中毒后的猫发疯痉挛，纷纷跳海自杀。仅几年时间，水俣地区连猫的踪影都不见了。1956年，出现了与猫的症状相似的病人。因为开始时病因不清，所以用当地地名命名。1991年，日本环境厅公布的中毒病人仍有2 248人，其中1 004人死亡。

> **知识链接**
>
> ### 蓝藻
>
> 蓝藻是地球上最早出现的绿色自养生物，它是在地球上几乎还是绝对无氧的环境下，第一个利用太阳能将二氧化碳制造成有机物并释放出游离氧气的先驱生物，它对地球上的其他自养生物和异养生物的产生和演化，乃至人类的起源有着无可替代的重大意义。
>
> 在一些营养丰富的水体中，有些蓝藻常于夏季大量繁殖，并在水面形成一层蓝绿色而有腥臭味的浮沫，称为"水华"。水面被厚厚的蓝绿色所覆盖，被风吹到岸边堆积，不但会发出恶臭味，且含毒素的蓝藻细胞在水体中漂游，当与某些悬浮物络合沉淀，或被水中动物捕食后随其排泄物沉淀，在水底富集。蓝藻中的项圈藻可快速产生致死因子，破坏鱼类的鳃组织，干扰其新陈代谢的正常进行，麻痹神经，使其死亡。蓝藻中个别种不但活体带毒，而且死亡个体分解会产生生物毒素——蓝藻毒素（如微囊藻毒素）。蓝藻毒素量多时可直接造成水中生物中毒死亡；或者即使数量少，也可通过食物链积累效应危害养殖对象，直至危害人体。

图1-2-7　违法排污对环境造成严重污染

农业污水　农业污水中通常含有化肥、杀虫剂、动物粪便等。杀虫剂可以杀死害虫，但也会对其他一些生物产生危害。化肥中富含氮、磷元素，可以供给植物生长，但若随水流入池塘、湖泊，就可能造成藻类大量繁殖，挡住水生植物需要的阳光，使鱼、虾等动物缺氧致死。

图1-2-8　农民向农田喷洒化肥

2007年，太湖曾爆发令全国震惊的蓝藻危机。当时，太湖因水体富营养化（主要是氮、磷元素超标）使得蓝藻大量堆积，犹如成片的绿色油漆倒在水面上，水中鱼虾大量死亡。不仅如此，蓝藻还产生了大量的异味物质，浓烈的腥臭味严重干扰了居民生活。此次危机还造成无锡全城自来水污染，生活用水和饮用水严重短缺，桶装水被抢购一空。此后政府投入近千亿资金，采取了许多措施治理太湖水质，但蓝藻仍时有小规模发生。

图1-2-9　太湖蓝藻危机

工业污水 化工厂、造纸厂、纺织厂、印染厂等都会产生污染水质的废物。工业污水中含有大量重金属和有毒物质，无论是饮用还是食用水中的生物都会对人体产生严重危害。苏州是一个工业大市，2015年工业增加值位居全国第二，这也伴随了严重的工业污染。如何防护和治理，这是一个大问题。

图 1-2-10 未经处理的工业污水

固体垃圾 固体垃圾是不溶解于水的废物，常随水四处漂流。固体垃圾中可能含有有毒物质并滋生病菌，大量固体垃圾堆积也会发出臭味，阻挡阳光，影响美观。

> **知识链接**
>
> 主污染源分类：
> 1. 工业废水是水域的重要污染源，具有量大、面积广、成分复杂、毒性大、不易净化、难处理等特点。
> 2. 农业污染源包括牲畜粪便、植物营养物等有机物质，致使水体病原微生物含量高。还有大量农药、化肥随表土流入水域，随之流失的氮、磷、钾营养元素，使湖泊遭受富营养化危害，造成藻类以及其他生物异常繁殖，引起水体透明度和溶解氧的变化，从而致使水质恶化。
> 3. 生活污染源主要是城市生活中使用的各种洗涤剂和污水、垃圾、粪便等，多为无毒的无机盐类，生活污水中含氮、磷、硫元素多，致病细菌多。

图 1-2-11 居民清理河道垃圾

总体来说，苏州水质情况仍不容乐观。据《2016年度苏州市环境状况公报》，虽然苏州所有的饮用水源地均达到取水标准，但从全市范围来看，苏州地表水环境总体处于轻度污染状态，主要湖泊水质污染以富营养化为主要特征。列入江苏省"十三五"环境质量目标考核的50个地表水断面中，水质达到Ⅱ类断面的比例为16.0%，Ⅲ类为48.0%，Ⅳ类为26.0%，Ⅴ类为10.0%。

"绿水青山，才是金山银山。"保护苏州的水环境意义重大，刻不容缓。

知识链接

TDS是总溶解性固体物质Total Dissolved Solids的英文首字母缩写,是指水中总溶解性物质的浓度,单位毫克/升(mg/L),主要反映的是水中Ca^{2+}、Mg^{2+}、Na^+、K^+等离子的浓度,与水的导电率有较好的对应关系,TDS值越小,水中Ca^{2+}、Mg^{2+}、Na^+、K^+等离子的浓度越低,电导率越小。TDS值小,一般情况代表水质好。TDS值高代表水质较差。

知识链接

人体的pH值

医学研究表明,人体内环境的酸碱度应该是在7.35到7.45之间,而pH值是以7为酸碱分界线,也就是说,体液应该呈现弱碱性才能保持正常的生理功能和物质代谢。人体的体液偏酸的话,细胞的作用就会变弱,它的新陈代谢就会减慢,这时候就会对一些脏器的功能造成一定的影响。研究数据表明,当人的体液pH值低于中性7时就会产生重大疾病;下降到6.9时就会变成植物人;如果只有6.8到6.7时人就会死亡。

科学思维

有些品牌的瓶装水标榜自己是弱碱性水,喝了有益于健康,你觉得呢?

探究·实践

水样水质检测

实验一:浑浊度检测

将等量纯净水和采集的水样分别晃匀,用手电筒从一侧照射水体,从另一侧观察,两者的透明度如何,是否有悬浮物。

图1-2-12 水中的悬浮物

实验二:酸碱度检测

用玻璃棒蘸取一些纯净水,涂在pH试纸上。将玻璃棒擦净,再蘸取水样,涂在pH试纸上。将两张试纸的颜色和标准比色卡比较,找出试纸颜色最接近的比色卡区域,它所标注的值就是pH值。纯净水与水样的pH有差别吗?

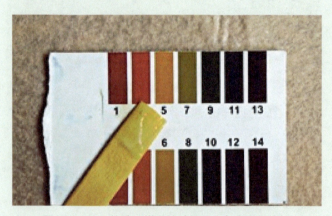

图1-2-13 将涂了样品的试纸同比色卡进行比较

实验三:TDS笔检测

取两个干净的杯子,一个装纯净水,另一个装水样。先打开TDS笔开关,测试纯净水的PPM值,等数值稳定后读取数值并做好记录。登记好后把TDS笔的数据归零,再测试水样数值。

一、概念理解

1. 水体富营养化主要指水中（   ）含量特别多。
   A. 蛋白质　　　　　B. 固体杂质　　　　C. 藻类　　　　　D. 氮、磷元素

2. 从厕所和水槽冲洗后流出的带有病菌的水叫作（   ）。
   A. 杀虫剂　　　　　B. 污水　　　　　　C. 工业化学品　　D. 化肥

3. 下列不属于水质监测项目的是（   ）。
   A. pH 值　　　　　B. 浑浊度测试　　　C. 尝味测试　　　D. TDS 测试

4. 日本水俣病被称为世界八大公害事件之一，造成这一疾病的原因是（   ）。
   A. 植物的蒸腾作用　B. 动物的呼吸作用　C. 海洋环流　　　D. 生物的富集作用

二、思维拓展

尝试和同学交流，喷洒在农田里的化学杀虫剂会不会影响到附近池塘里的鱼的生活。

三、技能训练

唐代大诗人白居易《忆江南》中的诗句"日出江花红胜火，春来江水绿如蓝"的"蓝"是如何形成的？请尝试用科学小论文的形式进行解释，150 字左右。

第 3 节 可持续发展
——苏州水环境保护

"山光悦鸟性，潭影空人心。""禽鱼各翔泳，草木遍芬芳。"古今有多少诗人墨客沉醉于苏城美景，对其"天人合一"的境界赞不绝口、流连忘返，这怕是数不清了。对于人们的赞美，苏州亦要回馈最好的自己。

你听说过有关苏州水环境保护的新闻吗？我们可以采取哪些措施保护水环境？

一 苏州水环境保护

近年来，水环境保护被越来越多人所重视。苏州虽然位于江南水乡，河湖众多，但其实是水质性缺水区域。水环境恶化已经成为制约苏州可持续发展的一大因素。

政策支持

近年来，苏州市政府针对水环境问题，出台多项政策，为环境保驾护航，如《苏州市水污染防治工作方案》《苏州市河道管理条例》《阳澄湖生态环境保护规划（2015—2020年）》等，多方面、系统综合地进行水环境治理。

建设自然保护区

苏州于2017年成为全国首批生态文明建设示范市，围绕水环境建设了许多生态公园、自然保护区。例如白马涧（龙池风景区）、沙湖生态公园、太湖湿地公园、太湖渔洋公园、荷塘月色湿地公园、阳澄湖美人腿风景区、莲花岛等。市内围绕护城河建起了环古城风貌保护带。既给市民带来了休闲娱乐的好去处，又将周围的生物栖息地保护了起

太湖湿地公园里的白鹭

树山村的桃花水母

图 1-3-1 生态保护区域发现的生物

学习目标

了解 苏州水环境保护状况以及净化水的方法

概括 保护苏州水环境的方法

实践 设计一个简易科学的净水装置

关键词

- 水环境保护
- 水净化

知识链接

世界水日

为唤起公众的节水意识，加强水资源保护。1993年1月18日，第四十七届联合国大会做出决议，确定每年的3月22日为"世界水日"。

1988年，我国确定每年的7月1日至7日为"中国水周"，考虑到世界水日与中国水周的主旨和内容基本相同，从1994年开始，把"中国水周"的时间改为每年的3月22日至28日，时间的重合使宣传活动更加突出"世界水日"的主题。从1991年起，我国还将每年5月的第二周作为城市节约用水宣传周。

来。同时湿地环境又能调节区域小气候，净化水源，形成积极循环。

❁ 节能减排，产业转型升级

水污染物大部分来自工业生产和日常生活。早年苏城沿河乱排污水现象严重，未经处理的污水直接流入了水系，危及水源地和养殖区。随着政府大力排查与整改沿河排污现象，情况得到了改善。对违章占用河湖湿地搭建的农田进行了整改，退耕还湖。一些污染严重的企业也进行了生产设备或是污水处理设施的升级改造，污水排放量减少，污水处理效率、处理质量得到提升。

❁ 大力宣传，人人有责

日常生活中有许多与水环境保护相关的宣传活动，政府、社会组织、志愿者都参与其中，每年开展的"节水宣传周""中国水周""世界水日"活动就是很好的宣传。通过各类宣传活动，提高了市民的节水意识，增强了市民保护水环境的责任感。

二 污水净化

对于已经被污染的水环境，如何净化和维护生态环境就成了当务之急。随着科技的发展，我们已经能通过多种方式对污水进行处理。

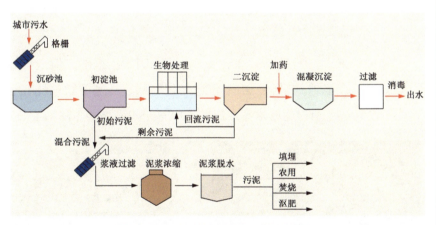

图 1-3-2　污水处理厂的一般工艺流程

在污水处理中，我们可以通过过滤、吸附、沉淀、离心等物理方法使水中的大颗粒物分离。还可以利用化学反应回收污水中的污染物，或是中和它们的影响。甚至，我们还能利用自然界中的生物来将污水净化。自然界中的一些微生物能够作用于污水中的有害物质，使其降解并转化为无害物质。根据这样的特性，可以人工制作"生物膜"（如生物滤池、生物接触氧化池、生物流化床），创造有利于目标微生物生长、繁殖的环境，用于污水净化。目前很多污水净化厂都利用了这一技术。

知识链接

家用净水器分为渐紧式净水器和自洁式净水器两大类。

传统净水器是渐紧式净水器，它的内部管路设计滤芯前松后紧，由五级净水装置依次首尾相连组成。截留物沉积于滤芯内部，需要定期人工拆洗，以确保机器正常运作。

更为先进的是自洁式净水器，机内增加了洗涤水通路。作为平常普通生活用水的洗涤水经过通路时对机内滤芯的原水侧起到冲刷以达到自行清洁的作用，并快速排出。省去人工拆洗的麻烦，杂质随时清出，内芯干净，避免二次污染。

知识链接

苏州的湿地

苏州的湿地具有调蓄洪水、稳定滨岸线、净化水质、固定营养物、提供重要物种栖息地、调节气候以及旅游、科研教育等多方面功能。根据专业方法测算，苏州的湿地能产生 395.373 亿元/年的总效益，并以生态效益为主。2009 年，苏州的湿地为全市提供了 44.7 亿立方米水资源，湿地每年从大气圈中吸收大量二氧化碳并释放大量氧气，为苏州提供清新的空气。研究表明，在 55 万平方米的太湖湿地中，每年可削减大气中的二氧化碳 2 875 吨，释放氧气 1 887 吨。负氧离子是空气质量好坏的一个重要指标，它能提高人体的免疫力。在三山岛，湿地为当地居民提供了每立方厘米 2 700 个负氧离子，这一数字是苏州市区十梓街的 27 倍，是人民路南环高架处的 54 倍。

知识链接

六种先进污水处理技术

1. BIOLAK 污水处理技术
2. "WT-FG" 微生物技术
3. 连续循环曝气系统 (CCAS)
4. SPR 高浊度污水处理技术
5. 造纸污水治理 EWP 高效污水净化器
6. 高效垂直流人工湿地系统水质净化技术

为了提高净化效率，污水处理系统一般综合各种方法处理污水。最新开发的 SPR 法借助大气压力和物理学原理，使污泥高度浓缩，经过脱水，这种污泥饼可以制作人行道砖；采用组合型污水处理药剂，依托精心设计的系统和吸附剂，使每种药剂既能发挥各自作用又能交联作用，达到"1+1>2"的效果。

图 1-3-3　用于水质净化的人工浮床

在苏州市区河道治理中，还利用了人工浮床来净化水质。这一浮床上栽培着适于地区生长的水生植物或是藻类植物，利用植物以及附着的微生物来净化水体。这一过程虽然时间较长，但接近自然环境中水体的自净过程，对恢复生态具有积极意义。

此外，在小型水景、人工湿地中也常使用沙石和芦苇、茭草、香蒲等水生植物搭建净水平台。

❋ 了解家用净水装置

经过自来水厂的处理，自来水都是符合国家标准的。但是我们也要知道，在运输的时候，由于管道老化等原因，也可能对自来水产生二次污染，所以有时水管放出的水中有一些漂浮物存在。

知识链接

家用净水器五级过滤技术

第一级为滤芯又称 PP 棉滤芯，去除水中泥沙、铁锈、水藻等固体物质。

第二级为颗粒活性炭滤芯，去除水中余氯、异味及固体杂质。

第三级为精密压缩活性炭滤芯，进一步去除水中余氯、异味及固体杂质。

第四级为反渗透膜或超滤膜，去除水中铁锈、微小悬浮物、胶体与大分子有机物。

第五级为后置活性炭，能够更好地改善水质口感。

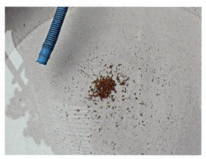

图 1-3-4　老化自来水管　　　　图 1-3-5　自来水漂浮物

因此，一些家庭购置了家用净水装置。净水装置的原理是怎样的呢？请以 3～5 人为一组，拆解一个家用滤芯进行观察，利用红墨水、泥浆水测试各材料的功能。画出这个滤芯的结构示意图并标明每部分的作用。

家用滤芯　　　　Micropore Filter 滤膜　　　活性炭离子交换树脂

图 1-3-6　拆解一个家用净水器滤芯

创客空间

设计一个简易净水装置

活动过程：

1. 从学校附近的河道（或池塘）取水样。
2. 以 3~5 人为一组，收集生活中可以用于净水的材料。利用学到的知识，设计一个简易净水装置，过滤取得水样。制作一个小展板展示你们的设计方案（附设计图），尽量美观清晰。
3. 根据设计图搭建净水装置，每组过滤等量水样。每位同学根据过滤效果、设计方案和装置制作，选出心目中的最佳净水装置，票数最多的同学获胜。

作品展示

图 1-3-7　简易净水装置

创客空间

利用简易人工浮岛建设校园湿地净化系统

湿地能改善水质，为多种水污染提供了一个有效、便宜的治理场所。人工湿地作为近十多年来发展起来的一种传统的污水处理技术已越来越受到人们重视。

校园湿地具有净化水质、美化环境、维持自然生态等生态功能。可以在校园中原有天然湿地基址上进行，或在校园中模拟，进而设计、建设和管理具有大自然野趣的湿地景观系统。它是将校园湿地保护和利用相统一，融合自然生态、文脉沿革、校园文化、景观营造等要素的绿色景观体。

作品展示

图 1-3-8　用鸢尾治理重金属污染

一、概念理解

1. 属于化学净化的方法是（　　）。
   A. 离心　　　　　　B. 吸附　　　　　C. 生物接触氧化池　　D. 净水剂
2. 生物法净化水体能利用（　　）。
   A. 挺水植物　　　　B. 细菌　　　　　C. 藻类　　　　　　　D. 蚯蚓
3. 为了更好地治理水环境，下列做法正确的是（　　）。
   A. 将污染严重的工厂迁往郊区　　　　B. 综合多种方法净化污水
   C. 引进外地净水植物　　　　　　　　D. 利用植物浮床在自来水厂中净化污水

二、思维拓展

不同用途的水处理标准是不一样的。查阅相关资料，了解不同用途水的处理标准。污水排放标准和饮用水标准的差别在哪里？为什么？

三、技能训练

尝试设计一个方案，将家庭用水或校园用水进行无害化处理。要求给出原理、步骤及预设成果。

四、创客空间

网络视频《苏州水》全片共五集，即《与水为邻》《吴中底蕴》《长河回望》《水影花光》和《水乡寻梦》，全片用真实、自然、美丽、流畅的电视画面，空灵而又充满哲思的文学语言解说词，演绎出了苏州的灵魂之美，是苏州广播电视总台制作的一部全面展示苏州文化精神，深入挖掘古城文化底蕴的文化大片。

请你选择其中感兴趣的内容进行观看。尝试根据自己的理解，结合身边一些具体的人、事或景，找到志同道合的同学组成视频制作团队，分工合作，对相应内容进行翻录，创作属于自己团队的《苏州水》纪录片。

第 4 节 苏州的古桥

"红阑干畔，白粉墙头，桥影媚，橹声柔，清清爽爽，静静悠悠，最爱是苏州。"这是对苏州桥梁的真实写照。苏州的桥，或大、或小、或曲、或伸、或古、或今，千姿百态，遍野飞虹。其中以石桥为主，也有少许木桥，当然也有现代化的斜拉索桥。岁月悠远，朝代递嬗，苏州的桥仍旧在那里，静默而诗意，等待过客与归人。这些桥小巧精致，在漫长的岁月里形成了多、古、秀、趣四大特色。比较有名的桥有：宝带桥、枫桥、双桥、小飞虹廊桥、吴门桥……

学习目标

- **了解** 苏州古桥的历史
- **概括** 桥梁结构组成
- **操作** 学会搭建桥梁模型

关键词

- 苏州古桥
- 拱形承重

一 古桥的来历

自古以来有水必有桥，桥是最常见的渡水方式。我们的祖先，最早是在水面较为狭窄、水流较为平缓的地方，用小船来摆渡。这个地方称之为"津"。"津，水渡也。"一旦风浪较大，用船来渡河就比较危险，于是有人就发明了"梁"。"梁"是会意字，从"木"从"水"，表示用木料架在水面上通行，这就是"桥"了。"梁，水桥也。"然而，木制的桥梁容易朽烂；于是，有人就想到了用石头来替代。到了近代，由于技术的发展，材料也日新月异，出现了水泥。于是更多的桥便是混凝土所构成的。

二 古桥的材料

苏州最早用来造桥的石头是武康石。此石表面密布细小蜂窝眼，在雨中踩踏不会滑溜，是古代造桥的首选材料。后来此石因古代开采技术所限而逐渐被淘汰。从元代中期开始，就选用青白色的石灰岩，俗称青石。明代中后期，开始用更为坚固、更耐腐蚀的花岗石来造桥。

图 1-4-1 武康石（左）和青石（右）比较

根据桥梁的建造材料可以大致推测出桥的建造时代。留存至今的苏州古桥都由石头制成。

图 1-4-2 苏州古桥

科学思维

分析拱形、圆顶形、球形三者之间的联系，你能得到什么启示？

图 1-4-3　苏州古石桥

三　古桥的形状研究

苏州的古石桥很多都采用拱形，这是为什么呢？
拱形的结构承重有什么特点呢？
你知道苏州有哪些桥属于拱形建筑吗？

❀ 生物体内的拱形

观察下列生物，找出它们身体中的拱形，说说拱形对生物体本身的意义。

图 1-4-4　四种动物拱形

人体结构中有很多接近于圆形的部位。例如：脑颅骨的圆顶可以很好保护大脑；拱形的肋骨组成并护卫着胸腔；脚部的足弓可以很好承载人体的总重。

图 1-4-5　人体颅骨、肋骨、足弓示意图

❀ 西瓜皮模拟实验

根据拱形的特点，人们用小块的砖、石即可搭建很大的拱。
将半圆形西瓜皮切成 5 块，小心注意切口方向，请你解释下用这 5 块搭建的拱形为什么不易垮塌，而且能支持一个蓝牙小音箱？你动手做做看。

图 1-4-6　西瓜皮拱

> **知识链接**
>
> 足弓是人类脚的重要结构。有了足弓，足便富有弹性。既可缓解地面对脚的冲击力量，又可锁定中足关节，使脚变得坚硬，更好地推动人体活动。扁平足（平足）指的是正常足弓的缺失，或称为足弓塌陷。平足可以是先天的，也可以是后天形成的。儿童的足弓常常在 4～6 岁形成，大部分儿童及青少年的平足是先天性的。

> **知识链接**
>
> **拱形的力量**
>
> 拱形承载重量时，能把压力向下向外传递给相邻的部分，拱形各个部分相互挤压，结合得更加紧密。
>
> 拱形受压时会产生一个向外的推力，抵住这个力，拱就能承载更大的重量。

第1章 似水流年
——苏州水文化及水环境保护

❋ 用纸来造一座"桥"

尝试用一张 A4 纸，少量胶带或胶水以及剪刀等工具搭建一座"桥"。要求能够跨越 15 cm 的"河道"，"桥"宽不小于 5 cm。比一比谁搭建的"桥"承重能力最强。

除了下图几种模式以外，你还能想出其他方式吗？你能搭建一座拱桥吗？

知识链接
1. 纸张这种材料的性质。
2. 选择合适形状和结构。
3. 如何实现纸张抗弯曲。

科学思维

要像真正的桥梁工程师一样去建桥了，你想好如何运用相关知识、原理和方法去实践制作了吗？

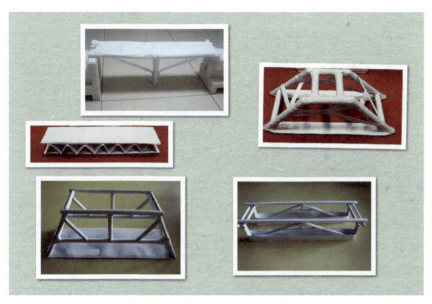

图 1-4-7 几种"桥"搭建模式介绍

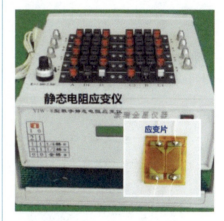

图 1-4-8 静态电阻应变仪

❋ 用应变片传感器来分析"桥"受力情况

在桥梁设计过程中，利用物理、数学、桥梁工程知识与信息技术技能来模拟现实。应避免一个受力实验损毁一个模型的情况。

用薄木片做主要材料，进行木桥模型的搭建。将应变片放在需要测量承重的地方。加上不同的重物后，读出应变片传感器实验的压力数据，从而将桥内部的压力转化为电阻变化。

再利用工程软件 Autodesk Inventor 以及桥模型软件进行数据分析。修改桥模型软件的一些参数，进行模拟测试，实现完全的模拟现实。

将最大内力与跨度数据联系，在直角坐标系里绘图，拟出一次函数关系。归纳总结探究成果，并和其他小组进行交流分享。

图 1-4-9 Autodesk Inventor 软件

子曰："仁者乐山，智者乐水。"水利万物而蕴含万千智慧。临轩面池，可参宁静致远；曲觞流饮，可得清高雅致；小桥流水，可品安居恬淡；溪流汇海，可见有容乃大。水是生活的镜鉴。希望我们都能够体悟水中智慧，也能够用智者睿心看水，用发展心态用水，用科学方法护水，让清流洁脉润育心灵，润养家园，润泽文化。

一、概念理解

1. 下列选项中不属于苏州水文化的有益之处的是（   ）。
   A. 提供美食　　　B. 熏陶品格　　　C. 航运优势　　　D. 发展科技

2. 过滤可以去除的污染物是（   ）。
   A. 病菌　　　　B. 小颗粒物　　　C. 化肥　　　　D. 重金属

3. 无锡太湖蓝藻危机的原因是（   ）。
   A. 沿河农田喷洒化肥　　　　　　B. 河湖养殖的鱼虾过量
   C. 游客向河道丢弃固体垃圾　　　D. 围湖造田

4. 下列叙述正确的是（   ）。
   A. 苏州水文化历经千年历史，我们必须保持原样全部传承下去
   B. 从水管中放出的自来水经过水厂的检测合格，可以直接饮用
   C. 短时间内想恢复河道的水质，保护生态环境，可以选用生物浮床
   D. 污水净化厂常采用生物接触氧化池这样的"生物膜"技术

5. 下列叙述正确的是（   ）。
   A. 家用净水器的滤芯能过滤水中的一切杂质
   B. 保护苏州水文化需要政府、企业和市民的共同努力
   C. 昆曲是苏州水文化的一部分
   D. 白鹭栖息的地区一般水质较好

二、思维拓展

你认为苏州水文化给我们的生活带来了怎样的影响？

三、技能训练

1. 邀请苏州"263"专项组成员或是相关公益组织志愿者做一场有关苏州水质现状和整改保护的讲座，写出你的感想。

2. 选择一处姑苏水环境，利用本章学到的知识，结合搜集到的资料，就它的文化、生态环境、水质等方面，撰写一份关于"××地水文化和水环境"的调查报告。

第 2 章 姑苏一品 水中"八仙"
——苏州几种典型的湿地经济作物及其价值

春季荸荠夏时藕，
秋末慈姑冬芹菜，
三到十月茭白鲜，
水生四季有蔬菜。

自古以来，苏州横山荷花塘的藕、南荡的芡实、梅湾的吕公菱、葑门外黄天荡的荸荠等都是闻名遐迩的，加上慈姑、茭白、水芹、莼菜等这些各具营养价值和经济价值的湿地经济作物，被人们并称为"水八仙"。它们沐浴着苏州的阳光，吮吸苏州的水，或扎根在水中的泥土里，或漂荡于水面上，它们成了苏州水的儿女。（改编自韩树俊散文诗《苏州水八仙》）

一方水土养育一方人，一方水土孕育一方物种，一方水土栽培一方精灵，"水八仙"就是苏州水孕育出的水中精灵。苏州自古与"水八仙"结成了不解之缘，不知多少文人墨客在书画诗词中表达了对它们的喜爱之情。苏州的街巷、园林、建筑、服饰、民俗、美食无一不与之相关。你想了解苏州"水八仙"优美的身形吗？想品尝它们酥糯甜软的苏州味道吗？想知道"水八仙"在文史上的地位，在传统艺术上的各种运用吗？请与我们一起走进"水八仙"的世界吧！

内容提要
* 以苏州"水八仙"为代表的苏州湿地植物的形态结构和生态环境
* 苏州"水八仙"在食用、药用方面的价值
* 苏州"水八仙"在文史、工艺品制作等方面的经济价值

本章学习意义
吴门水乡，水生作物丰富，品种之多位于全国之首。通过本章内容的学习，你将了解以"水八仙"为代表的苏州几种典型的湿地经济作物及其价值。

"苏式" STEAM 系列精品课程 | 水乡探秘

第 1 节　"水八仙"的真颜

学习目标

认识 "水八仙"的可食用部分

了解 "水八仙"等水生湿地植物的形态结构和生活环境

尝试 制作PPT或小报介绍一种"水八仙"

关键词

- "水八仙"
- 湿地植物
- 形态结构

科学思维

你吃过哪些"水八仙"？你知道它们的故事吗？请你辨认一下图2-1-1中的八种食材，说出它们分别是"水八仙"中的哪一种，可食用的部分究竟是植物的哪种器官。然后收集一种比较感兴趣的"水八仙"食材，通过互联网或图书馆查询相关的资料，做成PPT或小报，将它介绍给同学们。

　　湿地是地球上广泛分布的陆地生态系统之一，指表面常年或经常覆盖着水或充满水的区域。在苏州，湿地就在我们身边，无论是公园的秀美池塘，还是使人流连忘返的小河流水、湖光山色，我们常常涉足其中，不知不觉享受了湿地赋予的美。湿地植物一般是指生长在水陆交汇处，土壤潮湿或者有浅层积水环境中的植物。湿地植物种类繁多，主要包括水生、沼生、盐生以及一些中生的草本植物，在自然界具有特殊的生态价值，同时也是园林、庭院、水景园观赏植物的重要组成部分。在众多的湿地植物中，"水八仙"是与苏州人生活最密切的八种水生湿地植物，现在就让我们先来了解一下它们吧！

一　认识"水八仙"

　　江南地区湿地资源丰富，经历代发现、食用的多种水生植物中，只有苏州人把其中的茭白、莲藕、水芹、芡实（鸡头米）、慈姑、荸荠、莼菜、菱称为"水八仙"（见图2-1-1）。在传统苏州的历史与人文中，这"八仙"就活在苏州天堂。

图 2-1-1　苏州"水八仙"的可食用部分

二 观察"水八仙"

苏州是"擅三江五湖之利"的水城，养育了多样的水生植物。我们平时所认识的"水八仙"往往只是这些植物的可食用部分，它们完整的植株是什么样子的呢？

探究·实践

活动一：观察一种"水八仙"的形态结构

活动目的：

根据季节选择一种"水八仙"，阅读后文中有关这种"水八仙"的知识，仔细观察它的形态结构，理解它的形态结构与功能相适应的关系。

材料用具：

水芹、茭白或其他"水八仙"完整的植株，镊子，解剖剪，解剖刀，解剖盘，一米尺等。

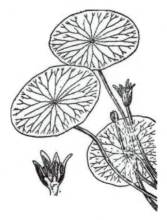

图2-1-2 莼菜叶和花的简图

活动过程：

1. 根据所学知识依次观察并记录该植物的根、茎、叶，并用简图把它们画下来（见图2-1-2）。
2. 尝试剖开该植物的叶柄和茎，观察它们的通气组织。
3. 将花、果实和种子进行解剖观察，并记录萼片、花瓣、雄蕊、雌蕊的颜色和数目。
4. 将观察结果填写在下面的表格中。

植物名称：_____。

植物器官	形态结构特征
根	
茎	
叶	
花	
果实	
种子	

活动二：观察并制作一种"水八仙"叶的横切临时装片

活动目的：

认识"水八仙"叶片的结构，了解其作为水生植物叶的结构特点。

材料用具：

水芹、茭白或其他"水八仙"的叶，清水，刀片，载玻片，盖玻片，显微镜（数码显微镜），吸水纸，毛笔，铅笔，橡皮，尺等。

知识链接

数码显微镜

数码显微镜是一种能将显微镜看到的实物图像通过数模转换，使其成像在显微镜自带的屏幕上或计算机上的显微镜，主要用于教学用途。它可以通过显微镜内置的摄像机将显微镜看到的标本图像传输到计算机上，通过计算机上安装的显微图像分析软件进行追踪分析，从而获得一系列有价值的定性定量数据。

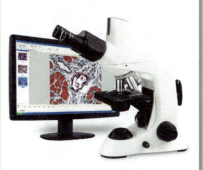

图2-1-3 数码显微镜

艺术鉴赏

图 2-1-4 《诗经名物图解》局部

选自：日本学者细井徇所撰《诗经名物图解》

思乐泮水，薄采其茆。

——《诗经·鲁颂·泮水》

（茆：莼菜）

图 2-1-5 农民在采摘莼菜

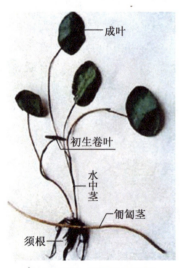

图 2-1-6 莼菜全株图解

探究·实践

活动过程：

1. 擦净载玻片和盖玻片。
2. 用滴管滴一滴清水在载玻片的中央。
3. 将叶片切成宽约 0.5 cm 的小块，放在载玻片上。
4. 右手捏紧并排的两块刀片，切割叶片。
5. 将切下的叶薄片放入清水中。
6. 用毛笔蘸取最薄的一片，放在载玻片的水滴中，盖上盖玻片，制成临时装片。
7. 调节显微镜，用低倍镜观察制作的临时装片，如果用数码显微镜可拍照。
8. 将观察到的图像用铅笔画在白纸上，并标注出各部分的名称。

莼菜

莼菜（见图 2-1-6）是睡莲科、莼属多年生水生宿根草本植物，又名蓴菜、马蹄菜、湖菜等。性喜温暖，适宜于清水池生长。主要分布在我国的江苏、浙江、江西、湖南各地，杭州西湖、江苏太湖是莼菜的主要产地。莼菜的食用部位为水中的嫩梢和初生卷叶，莼菜本身没有味道，胜在口感的圆融、滑嫩，为珍贵蔬菜之一（见图 2-1-5）。

根 为须状，初生为白色，逐渐转为黑褐色，细如毛发，长 20 cm 左右，簇生。水中茎抽生时也在基部两侧各生一束须根，老熟水中茎各节也有须根。

茎 分为地下根状匍匐茎、短缩茎、水中茎三种。匍匐茎细长、黄白色，长度可达 1 m，茎内多孔，节间长 10～15 cm，每节生有黄绿色薄叶片，不露出水面。水中茎叶腋间长出短缩茎，并形成 4～6 根丛生状水中茎。水中茎纤细，密生褐色绒毛，内具气管通道。自节上分枝，每节着生 1 叶。各茎端嫩梢和卷叶均有纤毛分泌的透明胶质包裹，称莼胶。

叶 互生，初生叶卷曲，柄短，外有透明胶质包裹，是主要的食用部分。成叶椭圆状，有细长的叶柄，长 25～40 cm，有柔毛。叶片浮于水面，表面绿色，背面紫红色。叶脉从中心向外呈放射状数十条。老熟叶片因纤毛脱落而失去胶质（见图 2-1-7）。

花 直径 1～2 cm，暗紫色；

图 2-1-7 莼菜的初生卷叶和成叶

花梗长6~10 cm;萼片及花瓣各6枚,条形,长1~1.5 cm,先端圆钝;雄蕊12~30枚,花药条形,雌蕊4~20枚(见图2-1-10)。

果实为坚果,卵形绿色,不开裂,长约1.1 cm,基部狭窄,顶部有宿存花柱,呈喙状,内有种子1~2粒。**种**子卵形,淡黄色。

茭白

茭白(见图2-1-12)是禾本科、菰属多年生宿根草本水生植物,又名茭瓜、菰笋、茭笋、高笋。由菰演变而来,菰开花结实,种子叫菰米或雕胡,是"六谷"(稻、黍、稷、粱、麦、菰)之一。后来人们发现,有些菰因感染上真菌——黑粉菌而不抽穗,且植株毫无病象,茎部不断膨大,逐渐形成纺锤形的肉质茎,这就是现在食用的茭白。这样,人们就利用黑粉菌阻止茭白开花结果,繁殖这种有"病"在身的畸形植株作为蔬菜。目前,把茭白作为蔬菜栽培的只有中国和越南,其中又以中国栽培最早。茭白原产于长江中下游,在长江流域及以南的水泽地区广泛种植,北方则在湖渠水田边少量种植(见图2-1-11)。在江苏、上海、浙江、安徽、江西、湖北等省份栽培较多。

根为发达的须根系,主要分布在缩短的分蘖节和根状匍匐茎节上。新根白色,老熟后转为黄褐色,一般根长20~70 cm,最长可达1 m,粗1.2~2 cm。

茎有地上茎和地下茎之分,地上茎呈短缩状,部分埋入土里,有多节。节上发生多数分蘖,形成株丛。主茎和分蘖进入生殖生长后,短缩节拔节伸长,前端数节畸形膨大,形成肥嫩的肉质茎,长25~35 cm,横径3~5 cm,横断面椭圆或近圆形(见图2-1-8)。地下茎为匍匐茎。

叶由叶片和叶鞘两部分而成。叶鞘长25~45 cm,相互抱合,形成假茎。叶片长披针形,扁平而宽广,长1.0~1.6 m,宽3~4 cm,草绿色,为平行叶脉。叶片表面粗糙,背面较光滑,分枝多簇生。茭白植株高大,即因茭白叶片较长所致。叶片与叶鞘相接处有白色三角形的叶枕,称"茭白眼"。

花、果、种

茭白一般不开花结实,但若栽培管理、选种不当时,植株有可能不受菰黑粉菌侵入,而正常拔节生长、抽穗、开花,所结种子脱壳后称为"菰米"(见图2-1-9)。习惯上将不结茭也不开花结实者

图2-1-10 莼菜花

图2-1-11 水田中的茭白

图2-1-12 茭白全株图解

图2-1-8 可食的肉质茎

图2-1-9 菰米

称为"雄茭",将长期不管理而开花结实者称为"茭草"。茭白的花为圆锥花序,长30~50 cm(见图2-1-13)。雄小穗长10~15 mm,两侧多压扁,常带紫色,着生于花序下部或分枝上部。外稃先端渐尖或有短尖头,有5脉,厚纸质。雄蕊6枚,花药6~9 mm。雌小穗长15~25 mm,着生于花序上部和分枝下方与主轴贴生处,外稃有芒长15~30 mm,内稃与外稃同质,常均有3脉,为外稃所紧抱。颖果圆柱形,长约10 mm。

莲藕

莲藕(见图2-1-16)属木兰亚纲,山龙眼目,莲科,莲属,别名荷、芙蕖、水芙蓉等。喜温,不耐阴,不宜缺水,是我国栽培历史最悠久,种植最广泛的水生蔬菜。藕为地下茎部分(见图2-1-15),微甜而脆,可生食也可做菜,而且药用价值相当高。莲藕的叶柄称荷梗,果壳称莲蓬,果实称莲子,可食用,其中的胚芽称莲心。苏州地区莲藕栽培历史悠久,出产的莲藕以脆嫩鲜甜闻名全国,一般4月下旬开始种植,从7月下旬开始采收嫩藕,老藕则一直可采收至来年春(见图2-1-14)。

根分为主根和不定根。莲子播种萌发,胚根初生长出主根,但

图2-1-13 茭白的花序

图2-1-14 农民采摘莲藕

图2-1-15 莲藕剖面图

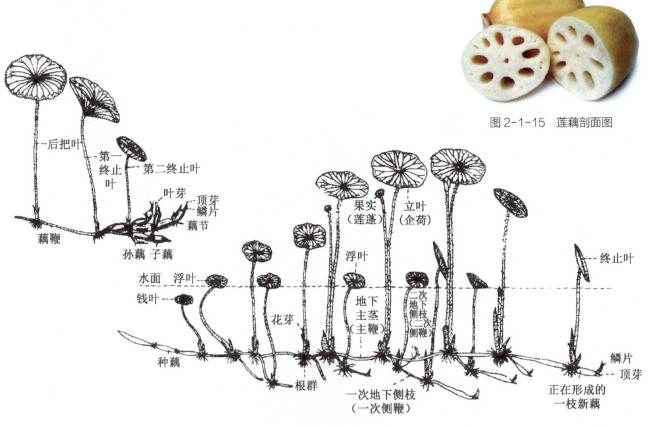

图2-1-16 莲藕全株图解

注:钱叶到结藕时已枯烂

> **技能训练**
>
> **莲藕拓印画**
>
> 活动目的:
> 1. 发现莲藕的形状、颜色之美,尝试巧妙利用莲藕拓印图案来组合图形,并发挥创作。
> 2. 体验藕印画的乐趣。
>
> 材料用具:
> 白纸、大小粗细不一的藕节片若干、水粉颜料、水粉笔、调色盒、湿抹布等。
>
> 活动过程:
> 1. 教师提供示范画,讲解拓印的注意事项。
> 2. 学生创作,教师巡回指导。鼓励学生印出不同图案,大胆创新。
> 3. 学生交流并欣赏各自的作品,接着评选出优秀作品进行展示。

不发达。不定根即须根,成束环生在地下茎节上,每节5~8束,每束有不定根7~21条,长5~20 cm。初生时白色肉质,逐渐转为黄褐色、黑褐色。主要作用是吸收养分、水分和固定植株。

茎为地下茎,在土中10~20 cm处横生细长如手指粗的分枝,称"藕鞭"。生长后期,藕鞭先端数节的节间明显膨大变粗,成为供食用的藕。首先抽生的较大的藕,称"主藕",主藕节上分生2~4个"子藕",较大的子藕又可分生"孙藕"。主藕先端一节较短,称"藕头";中间1~2节较长,称"藕身"或"中截";连接莲鞭的一节较长而细,称"后把节"(见图2-1-17)。

图2-1-17 藕的组成

叶通称"荷叶"(见图2-1-18),为大型单叶,从茎的各节向上抽生,具长柄。叶片开始纵卷,以后展开,近圆形,全缘,绿色,上有腊粉。叶脉的中心与叶柄连接,称为"叶鼻",是荷叶的通气孔,与叶柄和地下茎中的气道相通。初生叶1~2张,叶柄细弱不能直立,只能沉于水中或浮于水面,沉于水中的称"钱叶",浮于水面的称"浮叶";随后生出的叶,荷梗粗硬,其上侧生刚刺,挺立水面上,称为"立叶",并愈来愈高,一般高出水面60~120 cm,形成上升阶梯的叶群(见图2-1-19)。当叶群上升至一定高度以后,即停留在一般高度上,随后抽生的叶片,一片比一片小,荷梗愈来愈短,便形成下降阶梯的叶群。最后抽生一张最大的立叶,称"后把叶",又称"后栋叶"或"当家叶"。从后把叶着生的节位开始,地下茎的先端向斜下方伸长、膨大而结藕。随后在其前方一节上,还要抽生一张明显矮小的立叶,通称"终止叶"。挖藕时,将后把叶和终止叶连成一直线,即可判断新藕在地下的位置。

图2-1-18 荷叶

图2-1-19 莲藕的浮叶和立叶

图2-1-20 荷花

图 2-1-21　莲蓬和莲子

花 通称"荷花"，着生于部分较大立叶的节位上（见图 2-1-20）。花单生于花梗顶端，高托水面之上。花冠由多枚花瓣组成，常呈卵圆形至倒卵形，先端钝，内部各轮渐小。有单瓣、复瓣、重瓣及重台等花型。花色有白、粉、深红、淡紫色或间色等变化。两性花，雄蕊多数，雌蕊离生，埋藏于倒圆锥状海绵质花托内。花托表面具多数散生蜂窝状孔洞，受精后逐渐膨大成为莲蓬，每一孔洞内生一小坚果，即莲子。

果 实通称"莲蓬"，其中分散嵌生的莲子，是真正的果实，属小坚果，呈椭圆形或卵形，长 1.5～2.5 cm，果皮革质，开始为绿色，熟时转为黑褐色，十分坚硬。内有种子一粒，种皮为红色或白色（见图 2-1-21）。

❀ 菱角

菱角（见图 2-1-23）是菱科、菱属一年生水生草本植物，古名芰，又名水栗、风菱、菱实、芰实、乌菱，因果实大多有角，所以一般称为菱角。茎蔓长，属深水植物，生长于水塘河渠之中。多数国家和地区的菱角为野生状态，只有中国和印度进行栽培利用。苏州的著名地方品种为水红菱（见图 2-1-22），多数品种果实有角，食用部位为果肉，嫩菱可鲜食或作为蔬菜，老熟果实蒸熟后可作为粮食，并可酿酒。菱肉还可以加工制成菱粉，作为菜肴烹调时勾芡之用。

图 2-1-22　采红菱

满塘绿意盎然，茂盛生长的植株密密麻麻覆盖池面。

盘膝坐于船头，几艘小船划进菱角田，船尾划出长长水道，船里红色菱角堆积欲满。专注采收的场景，引人联想传唱不止的民谣《采红菱》。

根 二型。着泥根铁丝状，着生于水底泥中；同化根，羽状细裂，裂片丝状，淡绿色或暗红褐色。

茎 分水中茎、短缩茎。主茎即水中茎，蔓生，细长，可适应不同水位。总长可达 3～4 m，20 节左右，下部几节有根入土。主茎和分枝长到水面后节间缩短密集，形成短缩茎，出水叶片在茎上轮生，形成盘状叶簇，俗称"菱盘"。

叶 二型。浮水叶互生，聚生于主茎或分枝茎的顶端，呈旋叠状镶嵌排列在水面成莲座状的菱盘，叶片三角状菱圆形，长 3～4.5 cm，阔 4～6 cm，表面深亮绿色，无毛，背面绿色或紫红色，短毛；叶柄长 2～10.5 cm；中上部膨大成海绵质气囊，短毛。沉水叶小，早落。

图 2-1-24　菱花

花 小，白色或淡红色，单生于叶腋，花梗短（见图 2-1-24）。花两性，萼片、花瓣、雄蕊各 4 枚，雌蕊 1 枚。子房半下位，2 室，每室 1 胚珠，结实时其中 1 个发育成种子，另一个退化。

果 具水平开展的 2～4 个角，先端向下弯曲，果皮幼时为紫红色或绿色，老熟时呈紫黑色。

图 2-1-23　菱角全株图解

种子1枚，白色，元宝形，两角钝，白色粉质。

芡实

芡实（见图2-1-26）为睡莲科、芡属一年生大型草本水生植物。又名鸡头米、鸡头实、鸡嘴莲。原产东亚，性喜温暖，在中国南北各地的湖泊、沼泽水域中均能生长（见图2-1-27）。苏州的南荡鸡米头，即南芡，是最著名的优良栽培品种（见图2-1-28）。芡实食用种子内的白色种仁，称为"芡米"或"鸡头米"，可趁鲜煮、炒、酿酒，或制成干芡米、芡粉。

根为须根，长度可达80～130 cm，深入土中，根内有小气管与茎叶相通。

茎为短缩茎，埋于泥土之下，呈倒圆锥形，紫红色，中有气管，与根、叶、花、果相通。

叶二型。沉水叶箭形或椭圆肾形，长4～10 cm，两面无刺；叶柄无刺。浮水叶革质，椭圆肾形至圆形，直径10～130 cm，盾状，有或无弯缺，全缘。叶表面深绿色，有蜡被，具多数隆起，背面深紫色，叶脉凸起，有绒毛，两面在叶脉分枝处有锐刺。叶柄粗壮，内有气管，长可达25 cm，有硬刺。

花长约5 cm。萼片披针形，长1～1.5 cm，内面紫色，外面密生稍弯硬刺。花瓣矩圆披针形，长1.5～2 cm，紫红色，分3轮排列。雄蕊多数；子房半下位，8室，无花柱，柱头红色，呈凹入的圆盘状，扁平。

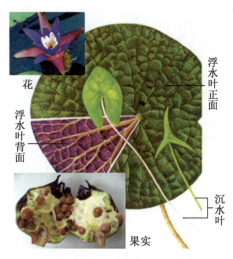

图2-1-25　芡实的叶、花和果实

果为球形浆果，直径3～5 cm，海绵质，紫红色，外面密生硬刺。

种子球形，种皮成熟后为黑色，坚硬。

水芹

水芹（见图2-1-30）是伞形科、水芹属多年生草本宿根植物。别名水英、细本山芹菜、牛草、楚葵、刀芹、蜀芹、野芹菜等。是一种生长在池沼边、河边和水田的水生蔬菜，以食用嫩茎和叶柄为主（见图2-1-29）。水芹营养丰富，含有多种营养物质，并具有清热透疹、平肝安神之功效。

根为发达的须根系，在短缩茎的基部以及匍匐茎的各节上环

图2-1-26　芡实全株图解

芡实的最大叶片直径可达两米，新叶、老叶层层覆盖，几乎不见池水，叶面厚实，足以负重，闪闪发亮形成壮阔的景色。

图2-1-27　满塘芡实

拿起竹刀划开花苞旁边的大叶子，割下拳头大小的膨大芡实果，可以剥出上百颗小种子，去壳后雪白晶亮，俗称"鸡头米"。

图2-1-28　采摘芡实

图2-1-29　农民采摘水芹菜

形着生,一般长30~40 cm,吸水吸肥的能力很强。新生根细且呈白色,而后逐渐变成锈色。主茎各节在适宜的环境中也可长出气生根。

茎 分短缩茎、地上直立茎和匍匐茎。地上茎有两个生长阶段,第一是冬前的嫩茎阶段,植株被人工深埋入土。埋入土中的部分由于不见光呈洁白、中空、软嫩的状态,是食用的最佳部位。第二是冬后的生长阶段,开春以后,地上茎窜出地面,呈青绿色,柱状中空稍有隔膜。此时的地上茎粗壮老硬,无食用价值。

图2-1-30 水芹全株图解

图2-1-32 复伞状花序

叶 为奇数羽状复叶。大叶长约20 cm,宽约12 cm,有叶柄在茎上互生。小叶尖卵形或广卵圆形,顶端钝,边缘有钝齿。

花 为顶生和侧生的复伞状花序(见图2-1-32),侧生花序的梗通常与叶对生,长1~2 cm。花冠白色或稍黄。花瓣和雄蕊各5枚,雌蕊2枚。花序外缘的小花花瓣通常增大,呈辐射状。

图2-1-33 水芹的果实

果 为双悬果(见图2-1-33),椭圆形或筒状长圆形,绿色,成熟后转为褐色。长2~3 mm,宽1~1.5 mm,侧棱较背棱和中棱隆起,木栓质。

❈ 慈姑

慈姑(见图2-1-34)是泽泻科、慈姑属多年生宿根水生草本植物。又名茨菇、茨菰、剪刀草、燕尾草等。慈姑原产中国,生长在水田里,叶子像箭头,开白花。地下有球茎,黄白色或青白色,以球茎作蔬菜食用(见图2-1-35)。

根 为须根系,肉质,具细小分枝,无根毛,须根长30~40 cm。

茎 有三种。主茎为短缩茎。秋季从各叶腋间向地下抽生匍匐茎,长40~60 cm,粗1 cm,每株10多枝。顶端着生膨大的球茎,高3~5 cm,横径3~4 cm,呈球形或卵形,具2~3环节。顶芽尖嘴状。

叶 戟形,长25~40 cm,宽10~20 cm,具长柄。叶柄从根部抽出,粗而长,可达1 m,呈柱状,靠近内侧有凹陷,凹陷处有棱。

花 慈姑大多不开花,也有部分慈姑从叶腋间抽出花梗1~2枝,

艺术鉴赏

图2-1-31 廖辅《鱼藻图》中的慈姑

第 2 章 姑苏一品 水中"八仙"
—— 苏州几种典型的湿地经济作物及其价值

图 2-1-34 慈姑全株图解

黝黑、丰腴的泥土是大地之母,刚出泥沼的慈姑闪动着洁白的本色,那默默劳动的身影呈现人与土地的和谐共处,犹如米勒画作拾穗之美。

图 2-1-35 水田中的慈姑与采摘慈姑的农民

总状花序,雌雄异花。花白色,花萼、花瓣各 3 枚。雄花雄蕊多数;雌花心皮多数,集成球形(见图 2-1-36)。

果为瘦果,扁平,斜倒卵形,有翼。

种子位于中部,具繁殖能力,用种子繁殖当年只结细小球茎,生产上都用球茎进行无性繁殖。

图 2-1-36 慈姑的雄花(左)和雌花(右)

❀ 荸荠

荸荠(见图 2-1-38)是单子叶植物莎草科荸荠属多年生宿根性草本植物,又名马蹄、水栗、地栗、乌芋、菩荠等。主要分布于长江以南各省的水泽地区(见图 2-1-37),以膨大的地下茎作为蔬菜食用。荸荠球茎皮色紫黑或红褐,肉质洁白,味甜多汁,清脆可口,自古有"地下雪梨"之美誉,既可作水果生吃,又可作蔬菜食用,也可供药用,开胃解毒,消宿食,健肠胃。

根为须根,细长无根毛,着生于短缩茎基部,长 20～30 cm。新根白色,后逐渐变成褐色。

茎分短缩茎、叶状茎、地下匍匐茎、球茎。短缩茎向上抽生叶状茎,即俗称的荸荠杆,一株可分蘖 30～40 个。叶状茎细长直立,光滑无毛,管状中空,内有白色隔膜,膜中有小孔,气体可上下贯通。高

知识链接

不管是在什么年代,除夕终究是新年期间仪式感最强的一天,年夜饭要吃出惊喜才有味道。北方人比较实在,喜欢在饺子里放上硬币,吃到硬币的人虽然硌牙,心中却暗下高兴。苏州人生来委婉,喜欢在煮熟的饭里放上荸荠,吃的时候挖出来,因为荸荠形似元宝,也被称为"掘元宝"。吃到荸荠的人,可谓吃在嘴里,美在心里。你还知道哪些与荸荠或其他"水八仙"有关的风俗?和同学们交流一下吧。

图 2-1-37 荸荠田

图 2-1-38 荸荠全株图解

图 2-1-39 苏州水八仙生态文化园

60~100 cm，直径 0.5 cm 左右。初期为淡橙色，见光后转为绿色，代替叶片进行光合作用。叶状茎向下抽生须根和匍匐茎，在匍匐茎的顶端生球茎，俗称荸荠。在匍匐茎长出 3~4 节后，在顶端生成的短缩茎还能形成分株，如此不断分株，每个母株可分株 2~5 次。

叶 退化，呈膜片状，褐色，不含叶绿素。环生在叶状茎基部、匍匐茎、球茎的各节上，形成叶鞘或鳞片叶。

花 形成于生长后期，在结荠的同时，地上顶芽可抽出形如叶状茎的花茎，顶端着生穗状花序。小花呈螺旋状贴生，在小穗基部有两片鳞片中空无花，其余鳞片全有花，松散地呈复瓦状排列，宽长圆形或卵状长圆形，顶端钝圆，长 3~5 mm，宽 2.5~4 mm，背部灰绿色，近革质，边缘为微黄色干膜质，表面有淡棕色细点，具一条中脉。内有雌蕊 1 个，子房上位，柱头 3 裂，雄蕊 3 个。

果 为小坚果，宽倒卵形，双凸状，顶端不缢缩，长约 2.4 mm，宽 1.8 mm。果皮革质，成熟时棕色，光滑，稍黄微绿色。内有**种**子一粒，不易发芽。

生物的形态结构是与其功能相适应的，而功能是与其生活环境相适应的。通过对"水八仙"形态结构的学习，你知道作为湿地水生植物，它们的形态结构是如何与其水生生活相适应的吗？此外，有关"水八仙"生长周期的变化、不同品系的特征，以及它们培育过程的知识，我们可以通过查询资料、实地参观去了解。除了在湿地公园内有"水八仙"种植区外，在苏州吴中区甪直镇还建有苏州唯一的"水八仙"景区——苏州水八仙生态文化园（见图 2-1-39）。在那里你能从"种、收、观、学"四个方面全面了解"水八仙"，并体验互动采摘的乐趣。

探究·实践

参观"水八仙"生态园

苏州很多湿地公园内都有"水八仙"的种植区，如苏州太湖湖滨国家湿地公园、虎丘湿地公园等。在老师的带领下，参观"水八仙"种植地。

活动过程：

1. 分小组进行活动。小组成员要明确分工，如记录、访谈、收集、测量和整理资料等。

2. 查阅"水八仙"种植的相关资料，并根据小组内同学的兴趣和爱好，确定要参观的程序和重点内容。

3. 对需要重点参观的部分，要预先准备好咨询和研究的问题，做

探究·实践

到心中有数,防止走马观花。

4. 建议参观或实践的内容:了解"水八仙"目前所处的生长时期、种植"水八仙"的品种,该品种"水八仙"的栽培方式和田间管理的方法,学习采摘方式并尝试自己亲自采摘。

三 "水八仙"的DNA条形码

每一个物种生长成什么样都主要由它的遗传物质决定的,"水八仙"作为八种苏州本地水生植物,与外地同种水生植物在遗传物质上有什么相同点和不同点呢?"水八仙"之间的系统发育关系是什么?随着DNA测序技术的发展,科学家可以研究DNA的潜在变化,而现代物种之间的形态结构和生理习性的差异正是由这些变化引起的。现代科学家将DNA测序技术作为一种工具与经典的分类学方法相结合进行生物物种的鉴定与分类,这就是DNA条形码技术。DNA条形码技术几乎可以用于科学鉴定任何动植物及真菌物种的短DNA序列,可以帮助探索自然生态系统奥秘,还能帮我们对一些物种进行追根溯源。现在就让我们来看看"水八仙"的DNA条形码是怎样的吧。

知识链接

DNA条形码

DNA条形码是指生物体内能够代表该物种的、标准的、有足够变异的、易扩增且相对较短的DNA片段。DNA条形码已经成为生态学研究的重要工具,不仅用于物种鉴定,同时也帮助生物学家进一步了解生态系统内发生的相互作用。在发现一种未知物种或者物种的一部分时,研究人员便描绘其组织的DNA条形码,而后与国际数据库内的其他条形码进行比对。如果与其中一个相匹配,研究人员便可确认这种物种的身份。DNA条形码技术是利用生物体DNA中一段保守片段对物种进行快速准确鉴定的新兴技术。

探究·实践

测定"水八仙"的DNA条形码

活动目的:

1. 学会DNA条形码的测定方法。
2. 尝试找出苏州"水八仙"的谱系关系。

材料用具:

"水八仙"样本、裂解液、洗涤缓冲液、TE缓冲液、PCR引物、移液枪、1.5 mL离心管、研磨棒、硅树脂、离心机、PCR仪、电泳仪、水浴锅等。

活动过程:

1. 分小组采集不同的"水八仙"植物样本。
2. 提取基因组DNA。

(1)从你们组采集的植物标本上取一小块,放入标记好的1.5 mL离心管中。向样品中加入300 μL裂解液。

(2)用干净的塑料棒研磨样本,至少2分钟。65 ℃水浴10分钟后以10 000转/分钟的速度离心1分钟。

(3)将150 μL上清液转移到已编号的新离心管中。向上清液中加入3 μL硅树脂。57 ℃水浴5分钟后以10 000转/分钟的速度

图 2-1-40　离心机

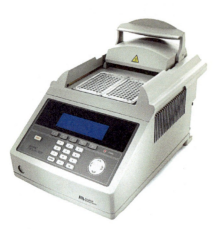

图 2-1-41　PCR 仪

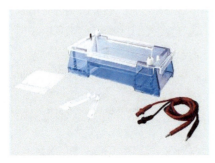

图 2-1-42　电泳仪

探究·实践

离心 1 分钟。然后丢弃上清液。

（4）清洗 DNA：在离心管中加入 500 μL 冰洗涤缓冲液。以 10 000 转/分钟的速度离心 1 分钟。小心丢弃上清液。如有必要可再清洗一次。

（5）从硅树脂中洗脱 DNA：在离心管中加入 100 μL 的 TE 缓冲液，打匀后 57 ℃ 水浴 5 分钟，然后以 10 000 转/分钟的速度离心 30 秒。

（6）移取 90 μL 上清液至新的标记好的离心管中。这就是已纯化的 DNA。

3. 利用 PCR 技术扩增 DNA：在你们组的 DNA 溶液中加入 PCR 反应液，快速离心后放入 PCR 仪中进行热循环，以复制 DNA 序列的 RBCL 基因序列。设定程序为：变性 15 秒 94 ℃；退火 15 秒 54 ℃；延伸 30 秒 72 ℃。35 个循环后，将程序设置到 4 ℃ 保存。

4. 通过凝胶电泳分析 PCR 产物，设置电压 140 V，时间约为 20 分钟。

5. 将 DNA 样本发送至 DNA 测序。

6. 利用 DNA Subway 网站进行 DNA 序列分析。

7. 各小组对实验结果进行分析和交流。

8. 可采集全国各地同种"水八仙"植物样本重复进行实验，以找出苏州地区"水八仙"的 DNA 条形码和外地不同环境中生长的"水八仙"的 DNA 条形码之间存在的细微差别，并撰写研究报告。

四 "水八仙"的种植

20 世纪 90 年代以来，随着城郊传统产区城市化的不断推进，"水八仙"种植区域不断萎缩，逐渐消逝，传统的种植智慧正在消散。许多苏州的孩子甚至说不全"水八仙"，更不用说种植"水八仙"了。那些有关"水八仙"美好的记忆哪去了？泥土的芬芳哪去了？让我们尝试种植一下"水八仙"吧！

技能训练

莲藕的种植

活动目的：

1. 了解莲藕的种植方法。
2. 尝试种植莲藕。

技能训练

材料用具：

藕苗、荷叶等绿肥，淤泥，肥料，田泥，铲子，橡皮手套，围裙，藕塘或大缸等。

活动过程：

莲藕的播种时间，应在断霜前后，气温稳定在 15 ℃，5 cm 地温稳定在 12 ℃。不管是种植一大片莲藕塘还是种植莲藕盆栽，基本方法和注意事项是一样的。

1. 选种：

莲藕一般用种藕繁殖。莲藕在 4 月中旬挖起后，大的可以食用，小的留作种藕。

2. 盆栽种植：

（1）在缸中加入一些剪碎的荷叶铺底，再加水和淤泥至缸的 2/5 处，然后加入少量鸡粪和田泥至缸的 1/2 处。

（2）在缸的中心位置把泥挖开，根据藕苗生长和大小挖出一个合适的坑。

（3）取一个藕苗，将藕苗的尾巴向上，藕苗的芽一端倾斜向下，以保证头尾两端都有露出的部位，不会导致入水。

（4）埋泥种植：使用不太湿的泥土把几乎整个藕覆盖掉，但要将藕尾裸露在泥土外面，也要保护好藕芽。

（5）浇水润湿：刚种完藕苗后不要着急浇水，让太阳温晒几天，等到埋藕苗的泥土慢慢裂开再加水润湿。

（6）加水淹泥，保证水分，但还是不能淹没藕尾部分，要让其露在水面之上。

（7）大概一个多月后，荷叶可破土而出并长出新苗。

3. 塘栽莲藕：

（1）新栽地须在冬季深耕整地，并施入水藻或其他绿肥调均，然后放水入田成泥泞状。

（2）排藕：一般在 4 月下旬种植。行距 2 m 左右，穴距 1 m 左右，每穴栽两支藕苗，一亩 300 穴。排藕时，靠近田埂的藕苗顶芽均要朝向藕塘中央，其余藕苗应分行排列，藕塘左右两半的顶芽相对，中央行距略加大以防过密，俗称"对箱"。这是苏州地区长期运用的排藕方式（见图 2-1-44）。

（3）田中加水，保持在浅水 3～5 cm 处。

4. 后期养护：

莲藕种好后要注意控制、调节水位，适时适量追肥，注意病虫害

图 2-1-43　盆栽莲藕

知识链接

轮种和套种

莲藕常与茭白、荸荠、慈姑等进行轮种和套种。

套种：在藕塘四周种几行茭白，用茭白密集的叶片防风，提高藕塘的温度和湿度，同时还利用了藕塘边的空地，一举多得。

轮种：在藕塘、茭白收获之后改种慈姑或荸荠。一般常用"藕、茭白—慈姑—藕、茭白—荸荠"的"两年四熟"轮种模式。一方面有利于均衡利用土壤的养分并调节肥力，改善土壤的理化性状；另一方面有利于减轻虫害及防止杂草乱生，还可以提高莲藕的产量和品质。

图 2-1-44　排藕

知识链接

莲藕种植的养护

施肥：浮叶期要少施肥；立叶期施肥要勤，但量不要过大；花果期的施肥要多。

水分管理：盆栽莲藕在夏季生长旺盛时每周浇一次水即可，冬季处于休眠期不要加水。塘栽莲藕在生长期田中加水至10～15 cm，在莲藕膨大期水位降至3～5 cm，可促进结藕。采收时可加水深至10 cm左右，使土壤疏松便于挖取。

虫害：由于荷叶表面有一层蜡性物质，因此只要放在通风向阳处，基本没有病害。但在早春时节可能会感染蚜虫，用洗衣粉加水600倍稀释喷杀。

越冬管理：盆栽莲藕在降霜后，要剪除叶柄、花梗、枯叶，在缸中加满水后可直接露地越冬，塘栽莲藕可直接越冬。

监管：可以利用物联网技术实时监控观察莲藕的生长状况。

技能训练

的防治。

5. 采收：

7～9月子莲可采收莲蓬。7月中旬早熟莲藕可开始采收嫩藕，9月以后便可以开始大面积采挖莲藕。

五 其他湿地植物

湿地植物是水生植物和陆生植物之间的过渡类型，它们生长在空气中的部分具有陆生植物的特征，生长在水中的部分，则具有水生植物的特征。除了"水八仙"外，你还认识哪些湿地植物？图2-1-45是苏州常见的几种湿地植物，你能说出它们的特点吗？如果你还有一些其他湿地植物的图片或资料，也可以向同学们介绍。

探究·实践

调查池塘水质及其中的湿地植物

活动目的：

1. 学会利用传感器调查池塘水质。
2. 了解池塘中生长的湿地植物的种类。
3. 了解挺水、浮叶、漂浮、沉水植物的特点并能区分它们。

材料用具：

传感器、竹竿、剪刀、水盆或水桶、台纸、吸水纸、标签纸、笔等。

活动过程：

1. 利用传感器调查池塘水质并进行记录。

水温	pH值	水质	有机物污染	水体受污染情况

2. 调查池塘中湿地植物的分布情况，并绘制分布图。
3. 用竹竿等工具采集某池塘中各种湿地植物，要保证植物的完整，并去掉表面的污物和水分，带回实验室进行观察。
4. 将洗净的植物放在吸水纸内压制，尽量保持植物原来的形态。

注意：

沉水植物多柔软而脆弱，可将其放在水桶或水盆中，用水浸泡，等到植物的枝叶展开成原来的形态后，将台纸放在浮水植物的标本下，轻轻将它托出，然后放在吸水纸内压制。吸水纸要厚，换纸频率要高。

金鱼藻　　　　满江红

水烛（香蒲）　　　睡莲

图2-1-45　形形色色的湿地植物

探究·实践

挺水植物质地较硬，体型高大，不可能采集整株，只需要把植物的各部分采全即可。

5. 每天换3~4次吸水纸，直至植物体表面的水分被基本吸尽为止。
6. 观察采集到的各种水生植物，总结挺水植物、浮叶植物、漂浮植物、沉水植物的特征。

植物类别	植物名称	适应环境的特征
挺水植物		
浮叶植物		
漂浮植物		
沉水植物		

湿地植物是构成食物链的基本生产者，为昆虫、蛙类、鸟类等各种野生动物提供栖息环境。对人类而言，湿地植物可以调节气候、净化水质、改善污染、保护土壤、护岸防风、美化景观、孕育鱼虾贝类等，提供我们生存所需的资源。人类生活水平的不断提高很大程度上依赖于湿地植物。

作为拥有丰富湿地植物资源的苏州人，保护好湿地，保护好湿地植物，就是保护好我们的家园，这是我们每一个苏州人的责任。

知识链接

湿地植物按照其生长特征和形态特征可分为4大类。

挺水植物

挺水植物即挺立在沿岸地带浅水中的水生植物，通常株形高大，根或地茎扎入泥中，生长发育后上部挺出水面，如芦苇、水烛、菖蒲、莲（荷花）等。

浮叶植物

浮叶植物扎根于湖底泥土中，根状茎发达，无明显地上茎或茎细弱不能直立，叶片或植株能自然漂浮于水面。如王莲类、睡莲类、芡实等。

漂浮植物

漂浮植物的根不生于泥中，茎叶漂浮在水面，随水流漂泊。常见种类有浮萍、满江红等。

沉水植物

沉水植物根、茎生于泥中，整个植株沉入水体之中，对水生环境适应性最强。它们的通气组织特别发达，有利于在水下极度缺乏空气的环境中进行气体交换，如黑藻、金鱼藻、眼子菜等。

一、概念理解

1. "水八仙"是苏州常见的特色蔬果，其中可食用部位是植物茎的是（　　）。
   A. 荸荠、莼菜、菱角　　　　　　　　B. 慈姑、荸荠、茭白
   C. 芡实、莲藕、水芹　　　　　　　　D. 莼菜、莲藕、芡实

2. 下列四种湿地植物中属于浮叶植物的是（　　）。
   A. 菱角　　　　B. 槐叶萍　　　　C. 水葫芦　　　　D. 水烛

3. 通过观察，你发现苏州湿地植物中最常见的高等植物类群是（　　）。
   A. 苔藓植物　　B. 蕨类植物　　　C. 裸子植物　　　D. 被子植物

二、技能训练

1. 除了"水八仙"外，说说你在周围湿地中常见的植物有哪些。
2. 为什么湿地水生植物会形成发达的通气组织？

三、思维拓展

实验：探究水芹茎与小麦茎的区别

　　许多湿地水生植物的根、根状茎都有气腔和通气组织，叶、茎、根均有细胞间隙与气腔相通，便于气体交换和满足各个部分通气的要求，这是湿地水生植物的一大特点，让我们对比观察水芹茎与小麦茎的区别，来认识湿地水生植物茎的特点。

材料用具：
水芹和小麦的茎、剪刀、刀片、培养皿、毛笔、清水、镊子、载玻片、盖玻片、显微镜等。

活动过程：
（1）采集水芹和小麦的茎。
（2）分别制作水芹茎和小麦茎的横切面临时切片。
① 盛清水于培养皿中。选取水芹茎、小麦茎上较坚硬的部分，将实验材料切成2～3 cm的小段。
② 用左手的拇指及食指、中指夹住材料，拇指的位置要低于食指，并使材料的上端伸出指外2～3 mm，材料的切面必须保持水平方向。右手执刀片，平放在左手食指之上，刀口向内，自左前方向右后方滑行切割，要用臂力，不要用腕力，不可向内平切。将切下的薄片随时放入培养皿的清水中。

　　注意： 刀片必须锋利，材料及刀片均需经常沾水，以保持材料湿润、润滑。

③ 等切到相当数量后，选取其中最薄的、透明度最大的切片做成临时切片标本。
（3）在显微镜下观察两种植物茎的临时切片标本，描述它们各自的结构特点，总结陆生草本植物茎与湿地水生植物茎的区别。

水芹茎的特征	
小麦茎的特征	

第 2 节 "水八仙"的真味

学习目标

了解 "水八仙"的营养价值和药用价值

尝试 制作一道以"水八仙"为主要食材的菜肴

领悟 养成合理膳食的良好生活习惯

关键词

- 营养价值
- 药用价值
- 合理膳食

枕水而居的苏州人,胃是通水的,对粼粼水波里的细腻食材,苏州人视若珍宝,尤其以"水八仙"为甚。"水八仙"的时兴与苏州人喜欢吃时令菜有关。《清嘉录》记载,苏州人轮到什么时候就吃什么菜。金风送爽时节,苏州人口中鲜藕的余香未散,接着又有了茭白、水红菱和飘着桂花香的软糯鸡头米。品尝着这水灵灵、鲜滋滋的"水八仙",不由得感慨,江南滋味确实美味,能够生于此也是一种福分。

一、"水八仙"的营养与功效

"水八仙"不仅具有较高的营养价值,而且具有一定的药用价值。随着人民生活水平逐步提高,高血压、高血脂等"现代文明病"的发病率逐年上升,从中医学角度看,现代人已出现从以前的"阳虚"(营养不足)向"阴虚"(火气过旺)转移的趋势,而水生蔬菜基本都是"凉性"食品,莲子、芡实、慈姑等还含有较多的生物碱成分,长期食用有较好的降火功效。

1. 营养价值:"水八仙"的营养成分齐全,糖类、蛋白质含量丰富,但脂肪含量不高。特别是还都含有多种维生素和矿物质,对维持人体的健康具有重要的作用。当然,每一种"水八仙"的营养成分含量各不相同,因此营养价值也各不相同。

探究·实践

"水八仙"主要营养成分的鉴定

活动目的:
1. 探究"水八仙"的主要营养成分。
2. 学习食物中主要营养成分的鉴定方法。

材料用具:
"水八仙"的可食用部分、碘酒、双缩脲试剂、高锰酸钾溶液、烧杯、漏斗、试管、试管夹、试管架、酒精灯、火柴、载玻片、研钵、研磨棒、解剖针、白纸、纱布等。

活动过程:
1. 鉴定淀粉:从"水八仙"的可食用部分上切取一些碎屑放在载玻片上。向碎屑中滴一滴碘酒,观察碎屑颜色的变化。如果碎屑遇到碘液呈蓝色,说明含有淀粉。

科学思维

"水八仙"的营养价值很高,它们的营养成分相同吗?请你和你的小组成员通过互联网或图书馆查询"水八仙"的营养成分,比较各种"水八仙"所含营养成分的异同。也可以与其他蔬果植物比较,分析"水八仙"的重要营养价值。

知识链接

莲藕的营养价值很高，富含铁、钙等微量元素，植物蛋白质、维生素以及淀粉含量也很丰富。

荸荠中磷的含量是根茎蔬菜中较高的，能促进人体生长发育和维持生理功能，对牙齿骨骼的发育有很大好处，同时可促进体内的糖类、脂肪、蛋白质三大物质的代谢，调节酸碱平衡。因此荸荠适于儿童食用。

莼菜富含蛋白质、脂肪、糖类、钙、铁、磷、钾、钠、锌、硒和多种维生素以及人体必需的多种氨基酸。

茭白含有丰富的有解酒作用的维生素，因此茭白有解酒醉的功用。嫩茭白的有机氮素以氨基酸状态存在，并能提供硫元素，味道鲜美，营养价值较高，容易为人体所吸收。但由于茭白含有较多的草酸，其钙质不容易被人体所吸收。

菱角中含有常见的 18 种氨基酸，其中包括人体营养必需的 8 种氨基酸。人体所必需的微量元素锌、铁、铜、钙、锰的含量较高。

水芹含有蛋白质、脂肪、碳水化合物、纤维素、维生素、矿物质等营养成分。其中，维生素 B 的含量较多。矿物质钙、磷、铁的含量更是高于一般绿色蔬菜。

慈姑中含有的各种营养成分较为齐全，包含铁、锰、锌、铜、硒、维生素 E 及维生素 C 等，尤其是硒与维生素 E 的含量十分丰富。

芡实中包含丰富的淀粉，可为人体提供热能。并含有丰富的蛋白质、多种维生素、矿物质及其他微量元素，可保证人体所需的各种营养成分。

探究·实践

2. 鉴定蛋白质：将"水八仙"的可食用部分磨浆过滤，取滤液，先加双缩脲试剂 A，摇荡均匀，再加入双缩脲试剂 B，摇荡后如果出现紫色反应，说明含有蛋白质。

注：双缩脲试剂 A 的成分是氢氧化钠的质量分数为 0.1 g/mL 的水溶液；双缩脲试剂 B 的成分是硫酸铜的质量分数为 0.01 g/mL 的水溶液。

3. 鉴定水：取少量"水八仙"的可食用部分放入干燥的试管中。用试管夹夹在离试管口约 1/3 处。将试管底部装食物处放在酒精灯上均匀烘烤，如试管壁上出现小水珠，说明食物中含水分。

4. 鉴定无机盐：将烘干的"水八仙"可食用部分穿在解剖针上，然后放在火上煅烧，直至看见其表面出现灰白色粉状物质，这就是无机盐。

5. 鉴定脂肪：将烘干的"水八仙"可食用部分放在白纸上挤压，如果在纸上留下"油斑"则说明其中含有脂肪。

6. 鉴定维生素 C：在试管中放入等量高锰酸钾溶液，分别向试管中滴入"水八仙"可食用部分的滤液，如观察到高锰酸钾溶液褪色，则说明含维生素 C。

7. 将鉴定结果填写在下面表格中。

食物名称	所含主要营养物质

技能训练

制作"水八仙"的营养成分表

活动目的：

1. 了解"水八仙"的营养成分。

2. 比较各种"水八仙"所含营养成分的异同。

3. 学会收集整理资料，并尝试制作营养成分表。

技能训练

活动过程：

1. 模仿下面的莲藕营养成分表（见表2-2-1），制作另外七种"水八仙"的营养成分表。

表 2-2-1 莲藕的营养成分表（每100克）

成分名称	含量	成分名称	含量	成分名称	含量
碳水化合物（克）	16.4	蛋白质（克）	1.9	脂肪（克）	0.2
维生素A(微克)	3.0	维生素C(微克)	44	维生素E(微克)	0.73
胡萝卜素（微克）	20.0	硫胺素（毫克）	0.09	核黄素（毫克）	0.03
烟酸（毫克）	0.3	镁（毫克）	19.0	钙（毫克）	39.0
铁（毫克）	1.4	锌（毫克）	0.23	铜（毫克）	0.11
锰（毫克）	1.3	钾（毫克）	243.0	磷（毫克）	58.0
钠（毫克）	44.2	硒（微克）	0.39	纤维素（克）	1.2

数据来自百度美食天下。

2. 比较各种"水八仙"所含营养成分的异同，讨论它们的营养价值。

2. 药用价值："水八仙"的珍贵不仅表现在它们具有丰富的营养价值，而且还具有很高的药用价值，因此经常成为养生和食疗的主材。《本草纲目》（见图2-2-1）、《千金方》（见图2-2-2）、《滇南本草》（见图2-2-3）等医书中对"水八仙"均有记载。

技能训练
调查"水八仙"的药用价值

活动目的：
1. 了解"水八仙"的主要药用价值。
2. 学会调查的基本方法。

材料用具：
纸、笔、录音笔、照相机等。

活动过程：
1. 全班同学分为8个小组，每个小组5~6人，明确小组成员分工。
2. 上网查阅关于"水八仙"药用价值的相关资料。
3. 走访中药房，向老中医请教"水八仙"在中医上的实用价值。
4. 各小组撰写调查报告。
5. 各小组派代表汇报，全班讨论交流。

知识链接

《本草纲目》由明朝医药学家李时珍为修改古代医书中的错误而编，全书共有52卷，载有药物1 800余种，收集药方11 000余个。

《千金方》是中国古代中医学经典著作之一，作者孙思邈，共30卷，是综合性临床医著，被誉为中国最早的临床百科全书。

《滇南本草》由明代兰茂所著，是中国现存古代地方性本草书籍中较为完整的作品，早李时珍的《本草纲目》140多年。

图 2-2-1 李时珍《本草纲目》

图 2-2-2 孙思邈《千金方》

图 2-2-3 兰茂《滇南本草》

文学欣赏

"鸡头实,甘淡,得土之正味,乃脾肾之药也。脾恶湿而肾恶燥,鸡头实淡渗甘香,则不伤于湿,质粘味涩,而又滑泽肥润,则不伤于燥,凡脾肾之药,往往相反,而此则相成,故尤足贵也。"

——《本草经百种录》

技能训练

6. 将交流结果填写在下面的表格中。

名称	药理特性	主 治

正是因为"水八仙"具有一定的药用价值,所以即使它们滋味鲜美,也不可贪嘴多食。要根据自身的体质节制,甚至忌食。也可根据其性味与其他食材搭配,做到合理膳食,使其真正发挥功效。

二 舌尖上的"水八仙"

"水八仙"柔腻鲜美的滋味,是苏州人深入灵魂的水乡印记。这些生长在湖泊与池塘中的水生植物,虽然都是些家常菜蔬,但一经善于烹饪的苏州人之手,那种迥异于北地蒜酪之风的水性真味便能呈现出来,所谓"味之精微,口不能言也"。

知识链接

苏帮菜顾名思义就是苏州本帮菜。传说苏州菜起源于公元前514年,到今天已发展成特色鲜明的地方菜系。苏帮菜用料上乘、鲜甜可口、讲究火候、浓油赤酱,属于"南甜"风味。苏帮菜不仅选料严谨,制作精细,更是因材施艺,四季有别。烹调技艺以炖、焖、煨著称,重视调汤,保持原汁。经典菜品有:清溜河虾仁、松鼠鳜鱼、蟹粉豆腐、腌笃鲜、响油鳝糊、银杏菜心等。以"水八仙"为食材烹制的苏帮菜更是苏州的特色菜。如菱肉、藕片、莲子与鲜鸡头米炒的"水乡四宝"等已经成为苏州新的招牌菜。

图 2-2-4 "水八仙"美食

✱ 淤泥解作白莲藕

藕是"水八仙"里最常见的一种,夏末初秋之季,便是莲藕上市的季节。"出淤泥而不染"的莲藕,像婴儿的手臂,白白嫩嫩分外讨喜,还有着格外鲜嫩脆爽的口感。李时珍评价藕时认为,藕"四时可食,令人心欢,可谓灵根矣"。直到现在,苏州人的宴席上,冷盘里多半有藕,因为生藕味道淡,当地人就创新出糯米糖藕这道清甜可口的菜肴。

> 技能训练
>
> ### 制作糯米糖藕
>
> **食材**：莲藕 3 节（约 600 g）、糯米 400 g、桂花少许。
>
> **调料**：冰糖 200 g、红糖 2 大勺。
>
> **制作过程**：
>
>
>
> 1. 将莲藕洗净削皮，切下两端的藕节备用。糯米洗净，晾至微干。
> 2. 将糯米装进莲藕的孔里，每装一点用筷子戳一下，塞至 8 分满即可。
> 3. 莲藕孔内装满后，将备用的两端藕节用牙签固定在莲藕上。
>
>
>
> 4. 将莲藕放入锅中，加水没过莲藕，加冰糖 200 g，红糖 2 大勺。大火烧开后，转为小火，约煮 4 个小时，直至熟透。煮的过程中需翻动数次，防止莲藕粘锅。然后转大火，将锅中糖汁收至浓稠红亮，即可出锅（如用高压锅 1 个小时即可）。
> 5. 待莲藕稍凉不烫手时，横切成约 2 mm 厚的薄片，浇上锅内的糖汁或直接撒绵白糖，即可食用。若有桂花，也可撒一些桂花，则味道更为香甜。

❀ 此"马蹄"非彼马蹄

荸荠，俗称马蹄。生吃，醇甘清香，胜似秋梨；熟食，爽滑可口，可谓佳肴。荸荠既是年夜饭中的"元宝"，也是养生饮品"五汁饮"中的一味药。清代中医吴鞠通曾用荸荠、梨、藕、芦根和麦冬榨汁，制成名方"五汁饮"。在易患呼吸道疾病的秋季，吃鲜荸荠还有利于防治急性咽喉炎、百日咳等疾病。马蹄糕以糖水拌合荸荠粉蒸制而成，蒸熟后的马蹄糕呈半透明，清甜爽口，有清热消食、生津润肺化痰的作用。

> 技能训练
>
> ### 制作马蹄糕
>
> **食材**：马蹄粉 250 g、荸荠 100 g。
>
> **调料**：红糖或者冰糖 250 g、清水 600 mL。

技能训练

制作过程:

1. 荸荠洗干净,削去外皮,用刀轻轻拍一下,切成小块。

2. 将马蹄粉倒入大盆里,加入300 mL清水充分搅匀成粉浆,此为生粉浆。

3. 倒入切好的马蹄,搅拌均匀。

4. 小锅洗干净后,放入冰糖或者红糖,再加入剩余的300 mL水。

5. 边加糖边搅拌,将其搅拌成像炒菜时的浓芡汁一样的熟粉浆。

6. 熄火,趁热倒入生粉浆中,同时持续、迅速地搅拌,做成半生熟浆。

7. 把拌好的粉浆倒入碟子里,放进锅中大火蒸20~30分钟。

8. 蒸粉浆熟透至呈透明状即可。

9. 将蒸好的马蹄糕放凉,待其彻底冷却后切块或脱模食用。

❀ 莼菜鲈鱼正软肥

莼菜与鲈鱼齐名,用以调羹,香脆滑嫩,味沁齿颊。莼菜入膳是有来历的,古人贾思勰称之为食用水生蔬菜之首,"茆羹之菜,莼为第一"。今人施蛰存更赞"莼于诸蔬中最为清品"。晋朝张翰借思念家乡"菰菜、莼羹、鲈鱼脍"而要求从朝中隐退的故事更是家喻户晓。莼菜银鱼羹(见图2-2-5)是苏州地方性美食,极清极淡,却也极鲜。银鱼形如玉簪,色泽似银,肉质鲜美。莼菜本身并没什么味道,独特之处在于其透明胶质黏液带来的嫩滑口感,因此煮汤做羹都爽滑至极。清灵透明的羹汤用藕粉勾勒薄薄的芡,<u>丝丝缕缕雪白的蛋花清悬浮其间,如丝如绸的口感饱含了明快的诗意</u>。

> **技能训练**
>
> **制作莼菜银鱼羹**
>
> 食材：莼菜 100 g、银鱼 100 g、蛋清 2 只、姜丝适量。
>
> 调料：清汤 1 000 mL、盐 5 g、白胡椒粉 5 g、水淀粉 30 mL、芝麻香油 5 mL。
>
> 制作过程：
>
> 1. 银鱼洗净，沥干水分备用；莼菜洗净备用；蛋清打散。
> 2. 大火煮开煮锅中的水，放入莼菜氽烫 2 分钟，捞出沥干。
> 3. 另取一个煮锅，放入清汤中火烧开，加入莼菜和银鱼再次烧开。
> 4. 调入水淀粉，让汤汁黏稠，一边搅拌一边顺着锅边缓缓倒入打散的蛋清。
> 5. 关火后放入盐、白胡椒粉、芝麻香油搅拌均匀即可。

图 2-2-5　莼菜银鱼羹

 茭白蒲牙艇子归

茭白肉白如玉，清爽可人。正如清代李渔之所言，"蔬食之美，一在清，二在洁"。秋季茭白水嫩，正是上市时节。茭白并非越壮硕越好，而是紧致不虚空，切片后直沉入水为佳。或许是因为茭白的质感与肉相似，因而在炒制茭白时必定要有荤为伴。茭白柔和的组织也极易吸收肉味，红焖的茭白烧肉（见图 2-2-6）就是一道上等好菜。此外，"油焖茭白""虾子茭白""香糟茭白"等苏式名菜，色白质嫩，清甜香糯，可谓是各领风骚。

> **技能训练**
>
> **制作茭白烧肉**
>
> 食材：五花肉 750 g、茭白 250 g、生姜片 10 g、小葱适量。
>
> 调料：生抽 45 mL、老抽 15 mL、料酒 30 mL、八角 2 颗、冰糖 18 g。
>
> 制作过程：
>
> 1. 茭白切滚刀块后洗净，五花肉洗净后切块。
> 2. 将五花肉冷水下锅，焯水后捞起洗净。
> 3. 锅内水煮开后放入茭白，焯水后捞起。
> 4. 热锅倒入五花肉，煸炒出香味后加入料酒，再加入生抽、老抽酱油。
> 5. 持续煸炒至肉全部裹上酱料后加入冰糖、八角、小葱和姜片。
> 6. 倒入开水，水量差不多和食材齐平，盖上锅盖大火烧开后转小火煮 40 分钟。
> 7. 掀开锅盖转大火加入茭白，收汁后熄火出锅。

图 2-2-6　茭白烧肉

三更风雨采菱归

"旧苑荒台杨柳新，菱歌清唱不胜春。"菱角，不仅是古人的寻常菜蔬，也是现代人的家常素馔。苏州地区的菱分为不同的品种，有水红菱、馄饨菱、小白菱、沙角菱等。其中，有着"苏州红"之称的水红菱很受人们的喜爱。水红菱壳软薄而水分多，肉质细嫩，味道甘美。老菱带壳煮熟，性糯清香微甜，号称水栗。用水红菱制作的菱粉，细洁爽滑，为淀粉中的佳品，最适宜制作苏式传统的细糕点。葱油水红菱鲜嫩爽口，葱香扑鼻，品尝后晚上做梦都能梦见一片水田（见图2-2-7）。

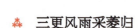

图2-2-7 葱油水红菱

技能训练

制作葱油水红菱

食材：水红菱200 g、葱适量。

调料：盐适量、味精适量。

制作过程：

1. 水红菱剥皮洗净。
2. 热油锅，下葱花爆香。
3. 倒入水红菱快炒。
4. 加盐、味精调味，出锅前放入剩余的葱花略炒，装盘上菜。

水芹烟草一回新

水芹本是著名蔬菜，食用历史悠久，《吕氏春秋》称之为"菜之美者"，以其特异香气，常入诗文，广受赞颂。水芹叶子碧绿生青，嫩茎洁白无瑕，水灵中透出秀气，清清爽爽，不施粉黛而自见清美。一代官宦文人，多有诗文赞之。杜甫说"饭煮青泥坊底芹"，苏州人陆龟蒙则说："谁怜故国无生计，唯种南塘二亩芹。"水芹管状的通茎，让它有了"路路通"的美誉，年夜饭上也能讨个好口彩，有新的一年路路通达的意思（见图2-2-8）。苏州人又因为其音意为"勤快"，故而是年夜饭必吃之蔬菜。

图2-2-8 凉拌水芹

技能训练

制作凉拌芹菜

食材：芹菜200 g、花生米20 g、香干1块。

调料：盐适量、鸡精适量、香油。

制作过程：

1. 香干切丝，备用。
2. 花生米炒熟，备用。

> **技能训练**
>
> 3. 芹菜洗净，斜刀切小段，用水焯熟。
> 4. 根据自己的口味，加入适量盐、鸡精、香油拌匀即可。

❀ 茨菰叶底戏鱼回

茨菰即慈姑。明代医学家李时珍尝言，"慈姑，一根岁产十二子，如慈姑之乳诸子，故以名之。燕尾，其叶像燕尾分叉，故有此名也"。如果不小心得了咳嗽，长辈们总会在饭桌上准备一盘茨菰烧肉，原因是茨菰具有清热解毒、润肺止咳的功效。考究的人家在做茨菰烧肉时，一般将其切成大拇指般的大小，最好带着嫩芽。平常人家则把茨菰切成滚刀块，为的是让茨菰有嚼头。除了做成菜肴外，油氽茨菰片也是老百姓百吃不厌的零食（见图2-2-9）。

> **技能训练**
>
> **制作油氽茨菰片**
>
> 食材：茨菰7~8个。
>
> 调料：油200 mL、盐适量。
>
> 制作过程：
>
> 1. 茨菰洗净去皮。
> 2. 切成薄片并拌入少许盐备用。
> 3. 炒锅中放入油，中小火加热至放入筷子尖可以从筷子尖周围冒出细小的泡泡，逐片放入茨菰片炸至硬挺，捞出。
> 4. 调成中火再次加热油，待油温略升高，放入炸过的茨菰片，复炸至金黄色捞出控干即可。

图2-2-9　油氽茨菰片

❀ 盘里明珠芡实香

芡实，俗称鸡头米，是"水八仙"中最为名声显赫的一个。苏州的南芡圆整粒大，质地黏糯，香气浓郁。"最是江南秋八月，鸡头米赛蚌珠圆。"作为"水八仙"之一的鸡头米味道清新恬淡，柔韧黏糯，营养价值颇高，是苏州人的最爱。除了将鸡头米做成糖水外，还可以将鸡头米搭配虾仁，也是苏州的一道名菜（见图2-2-10）。"虾仁"在苏州话里谐音为"欢迎"，因此鸡头米炒虾仁常拿来做头道热菜。两者的营养成分完美结合，有利于补脾除湿，补充蛋白质。虾仁的鲜美，鸡头米的软糯，二者结合出委婉的味道，吃进嘴里的是江南的口感，也是仲秋季节的独有记忆。

图2-2-10　芡实炒虾仁

技能训练

制作芡实炒虾仁

食材：鲜河虾仁 300 g、鲜芡实 100 g、鸡蛋清 1 只。

调料：精盐 4 g、干淀粉 5 g、湿淀粉 5 g、料酒 5 mL、味精 1 g、鸡精 1 g、麻油 5 mL、葱姜汁 5 mL、鸡清汤 100 mL、油 20 mL。

制作过程：

1. 将虾仁漂净，沥干水分，置于碗内加精盐、料酒、葱姜汁、味精和鸡蛋清拌至有黏性，再放入干淀粉拌匀上浆。

2. 锅洗净，舀入色拉油中火烧至四成热时，倒入上浆的虾仁划散，至断生发白时捞出。

3. 再倒入芡实焙至熟时，用漏勺舀起滤油。

4. 原锅内加入鸡清汤、葱姜汁、料酒、精盐、味精和鸡精，调好咸鲜味，加入湿淀粉勾薄芡，然后倒入芡实、虾仁，颠翻均匀，淋上麻油，出锅装碟即成。

图 2-2-11 八仙宴的菜品

图 2-2-12 全藕宴

"水八仙"，仙亦鲜。仙的是大自然的神奇，鲜的是食材本味的美妙。苏州人的生活离不开水，这些"水八仙"既是苏州人的家常菜，也是水乡特有的味道（见图 2-2-11、图 2-2-12）。水灵、水嫩、雅致、清淡，弥漫着氤氲的水汽，一如姑苏的"上善若水"。这八种水生食物，哪种是你的心头好？你又有哪些特别喜欢的吃法呢？请你以"水八仙"为食材蒸制一份美食，并和同学们一起交流一下。

一、概念理解

1. "水八仙"具有很高的营养价值，往往含有糖类、蛋白质及多种无机盐和维生素。下列四种"水八仙"中淀粉含量最少的是（　　）。

   A. 荸荠　　　　　B. 慈姑　　　　　C. 芡实　　　　　D. 莼菜

2. 清代中医吴鞠通制成的养生饮品"五汁饮"中包含的两种"水八仙"是（　　）。

   A. 莼菜和菱角　　B. 荸荠和莲藕　　C. 慈姑和水芹　　D. 茭白和芡实

3. 下列四组"水八仙"中，生食、熟食皆可的是（　　）。

   A. 慈姑、水芹、莲藕　　　　　　　B. 莼菜、茭白、芡实
   C. 荸荠、菱角、莲藕　　　　　　　D. 菱角、芡实、水芹

二、技能训练

1. "水八仙"基本都是"凉性"食品，又各自有不同的功效，它们在饮食上有哪些禁忌？
2. 苏州"水八仙"是一种时令性很强的蔬菜，你知道它们分别是在什么时候上市吗？

三、创客空间

活动：以"水八仙"为食材为家长设计一份营养食谱。

活动要求：

（1）了解家长的身体状况及养生特点。

（2）收集"水八仙"在饮食方面的宜忌。

（3）尝试运用合理膳食的知识给家长设计一份营养合理的午餐食谱。

　　注意：在设计食谱时要考虑，家长的身体状况是否适合食用你所选择的"水八仙"食材；你所选择的"水八仙"食材是否是当季食品。

（4）按照食谱，尝试自己下厨做饭。至少做一个菜，为父母尽自己的一份孝心。

我为 _____ 设计的午餐食谱

请在此处粘贴你为父母制作的午餐照片

第 3 节 "水八仙"的真韵

学习目标

了解 "水八仙"在文学、艺术、民俗等方面的价值

尝试 以"水八仙"为主要内容进行文学、艺术创作

领悟 认同中国传统文化的博大精深

关键词

- 历史渊源
- 传统文化
- 艺术创作

每年端午节后，江南进入梅雨季节，从天目山与溧阳山而来的洪水汇入太湖之中，湖水倍增。洪水水位在 3.5 米，苏州却有 60% 的土地在洪水线之下。在这种自然环境下，水稻、棉花等作物都无法种植，水生植物却有了得天独厚的生长条件。其中最著名的便是"水八仙"。它们与苏州城的历史、水文地理息息相关，在苏州民间体现出强大的文化底蕴，表现出属于苏州的独特韵味。苏州艺术家、美食家叶放曾认为，"对一般人来说，'水八仙'只是一种食物，对种植的农民来说就是一个产品。但'水八仙'却毫无疑问应该是文化，是一个具有浓郁人文色彩的内涵丰富的文化。从千百年的历史记载来看，作家、文人、画家们用了很多方式去表现'水八仙'的美，这种风气一直传承到近现代"。

一 诗文中的"水八仙"

中国文学史中，荷花是最早进入文人视野而被歌咏的植物之一，具有非常深厚的文化内涵。早在《诗经》就有"山有扶苏，隰有荷华"，"彼泽之陂，有蒲与荷"之句，是荷登诗坛之初。之后战国屈原的《离骚》中说："进不入以离尤兮，退将复修吾初服。制芰荷以为衣兮，集芙蓉以为裳。"以荷花暗喻自己的品性，是以荷象征士大夫人格之始。《江南曲》中有"江南可采莲，莲叶何田田，鱼戏莲叶间。"歌咏江南青年男女的采莲生活。

此后两千年来咏莲的诗文佳作层出不穷，丰富了诗坛文苑。其中首推宋代理学家周敦颐的《爱莲说》："水陆草木之花，可爱者甚蕃。晋陶渊明独爱菊。自李唐来，世人甚爱牡丹。予独爱莲之出淤泥而不染，濯清涟而不妖，中通外直，不蔓不枝，香远益清，亭亭净植，可远观而不可亵玩焉。"专论莲之高洁品质，将文人对莲的钟爱推向一个更高的境界。

"水八仙"中最出名的当属莼菜。据《世说新语·识鉴》："张季鹰辟齐王东曹掾，在洛，见秋风起，因思吴中莼菜羹、鲈鱼脍，曰：'人生贵得适意尔，何能羁宦数千里以要名爵！'遂命驾便归。俄而齐王败，时人皆谓为见机。"后来被传为佳话，"莼鲈之思"也就成了思念故乡的代名词。自唐代开始出现了大量以"莼菜鲈鱼"的典故表达思乡之情的作品。白居易《偶吟》："犹有鲈鱼莼菜兴，来春

艺术鉴赏

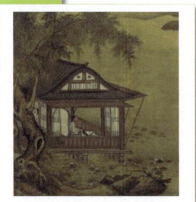

图 2-3-1 刘俊 《周敦颐赏莲图》

或拟往江东。"皮日休《西塞山泊渔家》："雨来莼菜流船滑,春后鲈鱼坠钓肥。"元稹《酬友封话旧叙怀十二韵》："莼菜银丝嫩,鲈鱼雪片肥。"

技能训练

比较茆、荇菜和莼菜

一般论及莼菜,往往都会将其追溯到先秦时代的"茆"。《诗经·鲁颂·泮水》有:"思乐泮水,薄采其茆。"三国时代,茆开始被解释为莼菜。不过水泽中还有一种叫作"荇菜"的水草(见图2-3-2),形态特征与莼菜类似,也可食用,但叶有缺刻。

活动目的:
比较茆、荇菜和莼菜三种植物,找出三种植物的异同,说出它们是否是同一种植物。

活动过程:
1. 将学生分成3~5人一组,小组成员进行分工。
2. 小组成员通过查阅书籍、上网收集资料等方法,分别找出有关三种植物的文献资料和植物介绍。
3. 将收集的资料汇总整理,全班交流讨论。

图2-3-2 荇菜

水芹与读书人的关系就更密切了。古时的学府称为学宫,《诗经·鲁颂·泮水》有云:"思乐泮水,薄采其芹。"泮水在鲁国国都曲阜,泮水里有芹菜、藻等各种水生植物,鲁僖公在泮水畔修建了泮宫。童生考中秀才以后,进入府、州、县的学宫继续学习,成为有资格进入泮宫、到泮水"采芹"的人(见图2-3-3)。从此"泮水采芹"频繁出现在诗句中。

知识链接

水芹除了被比喻为读书人,我们在文学作品和书面用语里还常常能看到"芹"与"献""意""敬"等词同用,诸如"芹献""笑纳芹意"等,用来表达自谦之意。请你找找哪些古诗文中的"芹"是这种意思,还有没有什么与此相关的故事,与同学们交流一下。

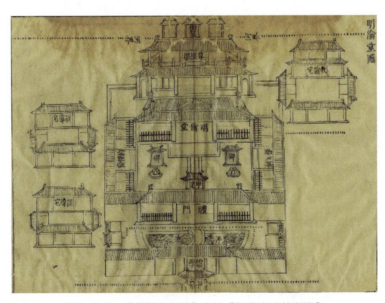

图2-3-3 《常熟方志图》中的《新学宫明伦堂图》

图 2-3-4 大观园之稻香村

图 2-3-5 刘继卣 《李白诗意图》

苏轼《常润道中有怀钱塘寄述古五首》："沂上已成曾点服,泮宫初采鲁侯芹。"苏伯衡《赠徐季子》："摘藻词垣翻舍置,采芹乡泮仍留连。"《红楼梦》第十七回"大观园试才题对额,荣国府归省庆元宵"中,宝玉曾为稻香村题了一联"新绿涨添浣葛处,好云香护采芹人"(见图 2-3-4)。这里的"采芹人"指的就是贾府里的读书人。

在古时,茭白并不是蔬菜,而是采集其籽食"菰米",被当作粮食食用。菰米饭的滋味曾获得极高的评价。东汉刘梁《七举》中曾评价,"菰粱之饭,入口丛流,送以熊蹯,咽以豹胎"。菰米饭在唐人的歌咏中屡见不鲜。李白就有《宿五松山下荀媪家》:"我宿五松下,寂寥无所欢。田家秋作苦,邻女夜舂寒。跪进雕胡饭,月光明素盘。令人惭漂母,三谢不能餐。"(见图 2-3-5)诗中的"雕胡饭"即"菰米饭"。

此外,白居易曾在《履道池上作》"树暗小巢藏巧妇,渠荒新叶长慈姑"中将慈姑与巧妇相对。苏辙有诗《食鸡头》:"风开芡觜铁为须,斧斫沙磨旋付厨。细嚼兼收上池水,徐咽还成沧海珠。佳客满堂须一斗,闲居赖我近平湖。多年不到会灵沼,气味宛然初不殊。"不仅描述了芡实皱缩的初生叶,舒展如轮的大叶,浑身是刺的花苞,暗藏明珠的果实,还呈现了采收芡实、众人争相品尝的景象。而荸荠最早见于文献的名称是"芍"和"凫茈",亦作"凫茨"。宋代刘一止《非有类稿》有诗云:"南山有蹲鸱,春田多凫茨。何必泌之水,可以疗我饥。"说明饥荒时,荸荠可以当粮食吃。

知识链接

古人的粮食——凫茈

凫茈,即荸荠。我国古代最早的名物工具书《尔雅·释草》记载"芍,凫茈",意思是野鸭爱吃此种东西。《后汉书·刘玄传》又讲到"王莽末,南方饥馑,人庶群入野泽,掘凫茈而食之"。证明了 2 000 多年前就有食凫茈的做法。

技能训练

赏诗会

活动目的:

1. 收集有关"水八仙"的古诗,体会并赏析古诗。懂得赏析古诗的方法。
2. 培养朗读古诗、吟唱古诗、表演古诗、品评古诗的能力。
3. 激发学生学习古诗的兴趣及对大自然、祖国大好河山的热爱之情。

准备工作:

学生以小组为单位,选取一种"水八仙"作为主题,收集有关这种"水八仙"的古诗,并做成 PPT。

活动过程:

1. 品古诗:每个小组按次序展示本小组收集的古诗,全班进行诵读。
2. 评古诗:学生分析诗句内容,体会作者的情感以及该诗用到的艺术手法,并谈谈自己对诗句的理解、体会。

> **技能训练**

3. 诵古诗：学生自由诵读，全班齐读，听范读，再次齐读。

活动建议：

每组学生展示古诗的方式可以多样化，如 PPT、视频、古诗配图、古诗小品剧等。

二 书画中的"水八仙"

在众多的水生植物中，"水八仙"不仅滋味绝佳，而且体型优美，因此成为许多画家入画的题材，历代花鸟画中的池塘水景，经常能看到"水八仙"的身影。著名画家齐白石就画了不少以"水八仙"为素材的作品，尤其是慈姑居多，或是慈姑青蛙，或是慈姑游虾，或是慈姑螃蟹（见图 2-3-6），无不充满水乡生活的趣味。

图 2-3-6 齐白石 《慈姑四蟹图》局部

> **技能训练**
> 学习鉴赏美术作品

活动目的：

从鉴赏美术作品的三个角度分析，初步了解美术鉴赏的基本特点，以及掌握美术鉴赏的方法。

活动准备：

学生以小组为单位，课前搜集有关"水八仙"的美术作品及资料。

活动过程：

1. 教师展示一幅有关"水八仙"的美术作品，引导学生鉴赏及思考。
2. 通过学生讨论，总结归纳鉴赏美术作品的三个角度：了解作品的历史社会背景；了解美术家的艺术观点和生活经历；体会作品的形式美感。
3. 每个小组按次序展示本小组收集的有关"水八仙"的美术作品，学生尝试用所学到的方法分析鉴赏。
4. 每个小组就其中某个作品撰写鉴赏心得，并展示交流。

> **知识链接**
>
> **《莲池水禽图》**
> 顾德谦
>
> 【赏析】顾德谦，五代南唐画家。他画的人物，神韵清劲，笔力雄健。绘画动植物，简练遒劲，并次加以晕染，形象准确生动，富有装饰性。《莲池水禽图》中碧荷舒卷如云，一白鹭曲颈缩首，正在岸边草丛中闭目休憩。画家以泼墨写意荷叶，以重墨勾筋描络，写中带工；双钩写荷花，璎珞飘摇。白鹭近似白描，不加晕染却生动准确。整幅画清新明快。

纵观中国花鸟画史，荷塘题材也许是"水八仙"中入画最多的一种，甚至可称得上是花鸟画中最重要的题材之一。东京国立博物馆藏有两幅据传为南唐顾德谦的《莲池水禽图》（见图 2-3-7），画中可见莲花自蓓蕾至开花再到落花，荷叶从初生到展开再到枯黄的推移变化，还有白鹭等水鸟穿梭其间，是宋代莲池画中的名作。

知识链接

《荷花小鸟图》
朱耷

【赏析】朱耷，号八大山人，明末清初画家，中国画一代宗师。花鸟以水墨写意为主，形象夸张奇特，笔墨凝练沉毅，风格雄奇隽永；山水笔致简洁，有静穆之趣，得疏旷之韵。《荷花小鸟图》中荷叶呈即将衰败之势，荷花也将凋谢，两只小鸟则鼓着一双惑眼，四目对视，流露出几多对未来的惶惑和不解……整个画面，墨荷生动，各有姿态，意趣盎然。八大山人描绘荷塘，多是浅水露泥，荷柄修长，扶摇直上，亭亭玉立，具有君子之风。在这幅图中，与莲荷相呼应的左下方的水中露石，组合得当，右部留在画外，用笔放逸，疏秀而具生气。八大山人曾自云："湖中新莲与西山宅边古松，皆吾静观而得神者。"可见其画荷是观察入微，静观悟对而以意象为之，信手拈来，妙趣自成。

图 2-3-7　顾德谦 《莲池水禽图》

明清以来，画水墨荷花的画家很多，王冕画荷的故事大家耳熟能详。明末清初的画坛巨匠八大山人朱耷，荷花是他最喜爱的画题，他画的荷花题材数不胜数。比如《荷花小鸟图》（见图2-3-8）《荷花双禽图》《荷花翠鸟图》等，从作品的名字上便能看出，他所画的荷花基本是与鸟一起出现在画卷上的，这也是他最喜欢的绘画形式。

自南宋开始，一些蔬果小品画中，开始出现茭白的身影，比如南宋法常的《水墨写生图卷》（见图2-3-9），卷末画有三支肥大的茭白，用一根茭叶扎在一起。

图 2-3-8　朱耷 《荷花小鸟图》

知识链接

《水墨写生图卷》
法常

【赏析】法常，号牧溪，南宋画家，僧人。《水墨写生图卷》所绘折枝花果、禽鸟、鱼虾及蔬果，笔墨清淡，平平常常，在画幅上随随便便地摆放在一起，看来就是最为常见的、与我们现实生活息息相关的景象，但是卷中墨色的氤氲、排列的错综、变化的神奇，却又分明深蕴着禅机。

图 2-3-9　法常 《水墨写生图卷》局部

清代的李鱓对"水八仙"情有独钟,曾多次画过各种"水八仙",在他的蔬果花鸟画中,莲藕、茭白、鸡头米、芹菜、荸荠多次出现,并和芋艿、葡萄等蔬果搭配在一起(见图2-3-10)。

知识链接

《花卉蔬果册页》

李鱓

【赏析】李鱓,字宗扬,号复堂,别号懊道人、墨磨人,清代著名画家,"扬州八怪"之一。李鱓工诗文书画,擅花卉、竹石、松柏,早年画风工细严谨,颇有法度。中年画风始变,转入粗笔写意,挥洒泼辣,气势充沛,对晚清花鸟画有较大影响。李鱓的笔下既有明代浙派花鸟画的传统根底,又受到清代宫廷工笔花鸟和民间豪放花鸟画风的影响。他的作品既讲求造形构图,又讲求色墨的有机融合。可以说,李鱓堪称中国绘画史上起着承先启后作用的画家。《花卉蔬果册页》作于乾隆七年,李鱓五十七岁,已从蒋廷锡画风中脱离出来,故纵放之中,仍有洒脱的书卷气息。正像他自己在其中一开《山水》所说。"气空灵,用笔虽密亦疏。著手粘滞,虽简亦实。"此册即如此,得空灵疏简之妙,又气完神具,是李氏作品中的佳者。

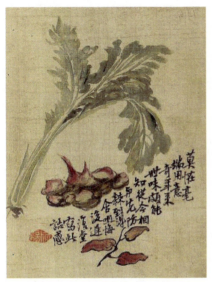

图2-3-10 李鱓 《花卉蔬果册页》选编

通过对地方文献、志书的研究,苏州文化学者王稼句发现关于"水八仙"的不同品种流传下来的文化资料并不十分平衡。在文人画家的眼中,"水八仙"中的一些品种是可以入画的好对象,一般关于莲藕、红菱、慈姑的画作相对多些,如著名的吴门画派画家明代沈周的作品中就有以红菱为主题的画作(见图2-3-11)。但是也有相对沉默的,如水芹就很少。

图2-3-11 沈周 《采菱图》局部

知识链接

《采菱图》
沈周

【赏析】沈周，长洲（今江苏苏州）人，吴门画派的创始人，"明四家"之一。《采菱图》中画有三名女子，各驾小舟，采菱湖上。近处坡上，三四疏柳，几株枯树，已是秋深菱熟时节。远山不高，坡陀连绵，村落小桥，散见山脚林木际，染色以赭石为主，颇有秋意。用笔匀细，山石错落，柳条下垂，端穆有致。画面所呈现的是山色空明、湖水荡漾，一派江南湖光山色。

技能训练

"水八仙"写生

活动目的：
1. 丰富写生知识，加强对绘画技巧的掌握能力，提高对绘画的兴趣。
2. 提高艺术修养和审美能力，对"水八仙"之美能有进一步的认识。

材料用具：
画板、画具（铅笔、素描纸、水彩笔、油画棒等）、小板凳等。

活动过程：
1. 选择适于写生的"水八仙"种植区，师生集体乘车或步行到达活动地点。
2. 在规定的活动范围内收集材料、观察、创作，老师查看并给予指导。

注意：由于时间有限，主要完成记录"水八仙"造型特点的速写。

3. 活动结束后师生集体乘车或步行返校。
4. 回校后继续完成作品。
5. 集中展示，师生共同点评。

三 器物中的"水八仙"

因为优雅的外形和各种美好的象征，"水八仙"很早就被设计在器物上，除了取材于造型，器物上描绘、雕刻"水八仙"的例子也很多。此外，还有不少以"水八仙"为主题的图案，用在服饰、建筑等装饰上。

以生活中的实物来设计造型是常有的一种艺术创作手法。受佛教的影响，南北朝后，中国传统的博山炉就和莲花结合在一起，形成各式各样的莲花香炉，如故宫馆藏的一件隋代绿釉莲瓣蟠龙博山炉（见图2-3-12）。这件炉置于一大圈足圆盘中，通高36.3厘米，绿釉瓷质，蘑菇形钮；炉盖是在汉代盛行的山峦起伏状博山熏炉的造型基础上稍做改进，炉腹呈现出仰莲形，联珠纹沿边的花瓣，其上则是精细的孔雀翎纹；一对蛟龙承托炉体。

图2-3-12 绿釉莲瓣蟠龙博山炉

慈姑的外形很别致，又是荷塘小景中不可或缺的角色，加上其蕴含"多子""慈孝"的寓意，所以在传统艺术中，慈姑也是很重要而常见的题材元素。有些文玩器具，会直接运用慈姑叶的外形制作。如故宫所藏的一只嘉靖年间的戗金彩漆鱼藻纹茨菰叶式盘（见图2-3-13）。此盘造型独特新颖，工艺精湛，堪称传世佳作。

图2-3-13 戗金彩漆鱼藻纹茨菰叶式盘

荸荠的形态像一个带尖的小扁球，齐如山提到"凡物圆而扁者，都名曰荸荠扁"。所以许多造型圆扁的器物,往往就以"荸荠"之名形容之。如清代流行一种瓶式,称为"荸荠瓶"(见图2-3-14),便因其器腹扁圆,形如荸荠而得名。另外民间乐器中,有一种打击乐器,名为"荸荠鼓"(见图2-3-15),鼓体为硬木,鼓两面蒙皮,呈极扁的球形,形似荸荠。许多戏曲、曲艺伴奏中均会用到荸荠鼓。据清代《扬州画舫录》记载,"以鼓为首,一面谓之单皮鼓,两面则谓之荸荠鼓"。在紫砂壶"花货"中,常以各种瓜果植物形象为造型素材,荸荠也是其中之一(见图2-3-16)。以球茎为壶身,顶芽为壶盖,平添生趣。

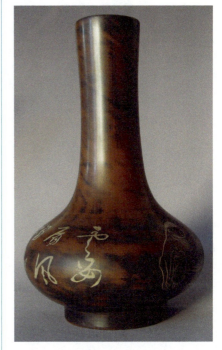

图 2-3-14　荸荠瓶

图 2-3-15　荸荠鼓

图 2-3-16　荸荠壶

技能训练

制作荸荠瓶

活动目的：

学会用泥条盘筑法制作陶艺作品；通过制作陶艺荸荠瓶锻炼学生的动手能力。

材料用具：

陶泥、转台、各种泥塑刀、毛笔、报纸等。

活动过程：

1. 了解泥条盘筑法：泥条盘筑法是用黏土泥条或泥绳制作器皿的一种技巧,是一种成形的手段。泥条或泥团在手掌的前后搓动下,伸展成条状,粗细可以控制,再将泥条进行盘筑,用泥浆粘接后挤压,使泥条间吻合。

2. 底部的制作：将揉好的泥团拍打成泥饼。将泥饼放在转台中心部位拍打平整后用刮刀将表面压光。然后划出底部形状,切去周围部分。

3. 制作泥条：先将黏土捏成粗的泥条,再在面板上用双手将其搓成粗细均匀的圆形泥条。

4. 制作花瓶：将第一圈泥条与瓶底的粘接部位刻画粗糙并涂抹泥浆。将搓好的泥条准确地沿底部的轮廓线放置,用刀斜切泥条接头,并将接头两端涂抹泥浆后接合。在处理好底部与第一圈泥条盘筑的基础上按顺序一环一环的盘筑,完成荸荠瓶的造型。最后用工具把花瓶表面修平即可。等花瓶阴干后,可继续在瓶身雕刻花纹图案进行装饰并上釉烧制。

5. 展示、欣赏学生的作品,师生共同点评。

图 2-3-17　3D 打印机

> ### 创客空间
>
> **用 3D 打印技术设计制作"水八仙"造型的器具**
>
> 3D 打印即快速成型技术的一种，它是一种以数字模型文件为基础，运用粉末状金属或塑料等可粘合材料，通过逐层打印的方式来构造物体的技术。该技术目前在珠宝、鞋类、工业设计、建筑、工程和施工、汽车、航空等多个领域都有所应用。
>
> **活动目的：**
>
> 1. 尝试设计以"水八仙"为造型的器具。
> 2. 练习使用 3D 打印技术。
>
> **方法步骤：**
>
> 1. 使用 3D 软件设计制作以"水八仙"为造型的器具模型，并导出 stl 格式文件。
> 2. 打开 3D 打印机专用的切片软件，将模型导入其中。对模型进行基本的参数设置。
> 3. 预览分层切片，检查模型有无错误。在需要添加支撑物的部位添加支撑物。
> 4. 再次检查模型信息，保证模型的各项参数是正确的。注意模型不能超过打印机本身的打印范围。
> 5. 设定打印头和打印板的温度，开始打印。
> 6. 打印结束，关闭打印机电源。去除支撑体，修整产品。
> 7. 欣赏、点评设计制作好的产品。

图 2-3-18　青花一把莲纹大盘

中国瓷器史上有关"水八仙"的例子就更多了。唐代越窑瓷器中的刻画纹样有荷叶荷花，宋代瓷器更是常见荷花水鸟组合纹样。元明清时期的青花中，莲池图案十分引人注目，池塘之中，荷叶莲花水草争芳斗艳，其中搭配水禽嬉戏，形成了几种典型的装饰图案——"满池娇""缠枝莲"等。北宋耀州窑瓷器流行一种固定的纹饰，称"一把莲"，用丝带将莲花、莲叶、慈姑、香蒲等束成捆把形，还有"两把莲""三把莲""莲花慈姑"等构图，除了莲花外，慈姑也是重要的组成部分。到了元明清时期，"一把莲"更成为流行题材被广泛地运用在青花、漆器之上（见图 2-3-18）。

> ### 创客空间
>
> **制作青花瓷挂盘**
>
> **活动目的：**
>
> 以"水八仙"为创作题材设计青花瓷装饰挂盘，感受美术与生活的关系，体会发现美、创造美的乐趣。

创客空间

准备工作：

1. 各种绘画工具、纸盘。
2. 学生自己选择一种"水八仙"作为绘画的题材，收集有关这种"水八仙"的实物或图片。

活动过程：

1. 根据老师提供的范例，感受"平衡式""均齐式"两种不同彩绘瓷盘的形式美、创造美。

平衡式：一种比较自由的构图形式，上下或左右两部分纹样不同（见图2-3-19）。

均齐式：采用对称、回旋、辐射的构图方法，将相同的、适合的图案组合在具体的外形框架中（见图2-3-20）。

2. 以自己选择的"水八仙"题材设计图案，考虑合适的绘画方法和表现形式。
3. 用铅笔在纸盘上先勾画出自己所要画的内容，然后加工上色。
4. 展示、欣赏学生的作品。

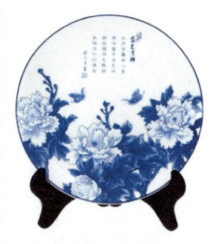

图2-3-19 平衡式

图2-3-20 均齐式

"水八仙"构成的水景也经常出现在服饰装饰上。以荷花为主题的池景图案，至少在宋代就已经被用在服饰上了。南宋吴自牧《梦粱录》卷十三"夜市"条中记载，临安夜市夏秋就有售卖"挑纱荷花满池娇背心"。所谓"满池娇"，是一种以莲池风光为主题，有莲荷、芦苇等水生植物，以及鸳鸯、野鸭等水鸟，搭配游鱼、蜂蝶的纹样。元代柯九思《宫词十五首》中曰："观莲太液泛兰桡，翡翠鸳鸯戏碧苔。说与小娃牢记取，御衫绣作满池娇。"出土的辽宋元织绣服饰中，莲池景色纹样是常见的，并且一直沿用到近代。如在位于内蒙古的元代集宁路故城遗址出土的棕色罗花鸟绣夹衫，其肩部就是典型的"满池娇"花纹（见图2-3-21）。

此外，"水八仙"的造型还常被运用到首饰上。元代簪钗有一种典型式样即为"荷叶簪"。簪首一般会打成一张舒展的荷叶形，其上甚至还会装饰有细小的水草、水鸟、鱼等，成为一个立体而富有生气的画面。如湖南临澧元代银器窖藏满池娇荷叶金簪（见图2-3-22），以细长条金片做簪脚，簪头为金片锤揲成形的荷叶。其上锤揲连排小珠成线状，先围成双层荷叶外圈缘边，再向内纵向排成叶脉，由中心向外呈辐射状。荷叶上焊接一对鸳鸯、两只鹭鸶、小花朵等金饰，形成了一幅由荷叶为背景的池塘小景画卷。明代右副都御史巡抚大同王士琦墓出土的金荷叶小插（见图2-3-23），簪首用两枚金片作底衬，一枚剪作荷叶，一枚剪作荷花，系结荷花与叶的一根金丝由

图2-3-21 罗花鸟绣夹衫局部

科学思维

在传统首饰中，除了"满池娇""一束莲"题材以外，慈姑叶也常常被单独拿来作为装饰造型。请你参阅资料，找找看古代有哪些首饰是以慈姑叶为造型制作的，并和同学们交流一下。

图 2-3-22　满池娇荷叶金簪（局部）

图 2-3-23　金荷叶小插（局部）

图 2-3-24　莲花慈姑纹滴水

图 2-3-25　慈善祥云纹样

后至前穿过来擎出一茎花萼，七枚花瓣焊在周围组成一朵绽放的荷花。搓好的麻花丝掐作花边、叶边和叶脉接焊于图案，荷叶上方的几道麻花丝则是为了呈现风翻荷叶的效果。金叶上面再焊石碗以嵌宝石。

由于"水八仙"中不少植物都有吉祥如意的寓意，因此它们的纹饰还常常被用在建筑上，如莲花和慈姑。北宋《营造法式》中便记录有以莲花和慈姑为题材的彩画。莲在佛教中意蕴深广，而慈姑之"慈"也契合佛教慈悲之意，所以佛塔、寺院的瓦当、滴水、勾栏上也常见此题材的纹饰（见图 2-3-24）。在石雕纹样里，还有中心纹样是慈姑叶，周围搭配祥云的构图，表示"慈善祥云"的意思（见图 2-3-25）。

技能训练

调查：苏州园林与荷花

活动目的：

了解苏州造园艺术与荷花的关系。调查苏州园林中与荷花有关的设计。认同苏州与荷花的密切关系。

材料用具：

纸、笔、照相机等。

活动过程：

1. 选择合适的苏州园林，与小组成员一起完成调查任务。
2. 小组成员分工，从不同方面调查苏州园林对荷花题材的使用情况。如莲池、亭台水榭、铺地石、柱础、栏杆、雕饰、门窗等。用纸笔进行记录，可在记录本上描绘花样或拍照以收集资料。

图 2-3-26　留园内的木雕

调查内容：

地点	使用方式	图案特点

3. 回校后，各小组同学总结汇总，交流讨论，并完成调查报告。

第2章 姑苏一品 水中"八仙"
——苏州几种典型的湿地经济作物及其价值

苏州不仅有大量关于"水八仙"的诗文绘画,而且在民居的角角落落、人们的服饰、日常用的器物上都可以寻找到"水八仙"的身影,甚至在苏州城内,还有许多地名与"水八仙"有关,光以"荷花"命名的就有"瓣莲巷""荷花弄""莲子巷""南采莲巷"等。此外,"水八仙"的多重性还体现在苏州民风民俗之中。苏州旧时曾以农历六月二十四日为"观莲节""采莲节",也就是荷花的生日。到了那一天,全城的男男女女、老老少少都要赶到城东的荷花荡,观荷纳凉、泛舟采莲,这个习俗从明清两朝一直延至民国年间,数百年不变。可见,"水八仙"与苏州的关系是深入骨髓的。

苏州境内河网密如蛛网,大小湖池珠连玉串,这些都是"水八仙"良好的生长地,因此苏州人与"水八仙"渊源极深。但随着城市化进程的不断加快,"水八仙"的保护与去留正日益成为一个突出的话题。首先是种植需要的水田正在不断减少;其次是"水八仙"的种植开始出现后继无人的情况,一些比较有技术含量的栽培技艺会不会濒临失传?因此我们在不断推动乡村城市化的同时,是不是应该好好考虑一个问题:是否在若干年后,清代沈朝初咏唱南荡鸡头米的《忆江南》:"苏州好,蓿水种鸡头,莹润每疑珠十斛,柔香偏爱乳盈瓯,细剥小庭幽。"会成为人们回忆"水八仙"的历史老歌?

> **科学思维**
>
> 苏州城内除了许多用荷花命名的街巷外,还有哪些地名是与"水八仙"有关的?请你查阅资料或者走访调查,发掘地名背后的故事,然后和同学们进行交流。

一、概念理解

1. 宋代著名诗人陆游曾在诗中写道:"店家菰饭香初熟,市担莼丝滑欲流。"这首诗中描写的植物是"水八仙"中的（　　）。

   A. 莼菜　　　　　B. 菱角　　　　　C. 水芹和芡实　　　　D. 茭白和莼菜

2. 纵观中国花鸟画史,入画最多的"水八仙"是（　　）。

   A. 荷花　　　　　B. 莼菜　　　　　C. 水芹　　　　　　　D. 芡实

3. 石雕纹样"慈善祥云"中,在一片祥云中心的是"水八仙"中的（　　）。

   A. 荷花　　　　　B. 慈姑　　　　　C. 荸荠　　　　　　　D. 水芹

二、技能训练

1. "水八仙"的哪些特质吸引了古今文人墨客写了大量的诗篇去赞美它们?
2. 为什么建筑、服饰、艺术品中经常用"水八仙"作为设计题材?

三、创客空间

活动：手绘 T 恤

古时,由各种"水八仙"构成的丰富多彩的隐喻图案经常出现在服饰装饰上,现在,也让我们尝试运用"水八仙"的图案让自己单调的白 T 恤充满艺术气息吧。

活动目的：

（1）学习文化衫的制作方法,设计制作一件以"水八仙"为题材的富有个性的文化衫。

（2）培养学生运用美术手段表现生活美好情趣的能力。

（3）能对文化衫进行艺术审美评价,在今后的生活中善于发现美、创造美并装点和美化自己的生活。

材料用具：

空白 T 恤一件、纺织颜料或者丙烯颜料、绘图用笔（铅笔、勾线笔、排笔、毛笔或者水粉笔）、橡皮、洗笔用的桶、调色盘、毛巾或纸、硬纸板、夹子等。

方法步骤：

（1）先把 T 恤平铺,不要拉扯,将纸板垫在 T 恤上下两层之间,防止颜色洇湿干净的布面。

（2）构图。确定好画图案的位置,用铅笔轻轻绘制底稿图案。

（3）上色。在丙烯颜料或纺织颜料中加适量水（或绘画专用的稀释液）稀释。

注意：颜料稀释到呈牛奶状即可。如果太稀了则颜料的扩散不容易控制,太稠了则颜料无法被吸收到纤维深处,容易掉色。

（4）先用勾线笔沾色勾边,再用排笔或毛笔涂抹。尽量小心不要上错色。

（5）画完后晾干,再用熨斗熨烫 15~20 分钟以防掉色（2 天后才可下水）。

（6）成果展示。

第 2 章 姑苏一品 水中"八仙"
——苏州几种典型的湿地经济作物及其价值

一、概念理解

1. 自古有"地下雪梨"之美誉,既可作水果生吃,又可作蔬菜食用,也可供药用的"水八仙"是(   )。
   A. 莲藕   B. 菱角   C. 荸荠   D. 慈姑

2. 茭白植株因感染上黑粉菌而不抽穗,且茎部不断膨大,逐渐形成纺锤形的可食肉质茎。茭白感染的这种黑粉菌是一种(   )。
   A. 细菌   B. 真菌   C. 放线菌   D. 植物

3. 芡实又叫"鸡头米",平时我们食用的部分其实是这种植物的(   )。
   A. 果实   B. 种子   C. 胚   D. 球茎

4. 与鲈鱼齐名,成为思念故乡的代名词的"水八仙"是(   )。
   A. 莼菜   B. 慈姑
   C. 荷花   D. 水芹

5. 仔细观察右图,想一想这件瓷器作品的造型模仿的"水八仙"是(   )。
   A. 荷花   B. 慈姑
   C. 荸荠   D. 菱角

二、技能训练

1. 理解并概述湿地水生植物有哪些适合水中生活的结构特点。
2. "一把莲"是青花瓷中常见的一种固定纹饰,请你说说其寓意及其中每种植物的寓意。
3. 列举除"水八仙"外,你所知道的湿地药用植物及它们的作用。

三、思维拓展

1. 实验:比较"水八仙"中各种蔬果维生素 C 的含量

活动目的:
运用科学的方法比较"水八仙"中各种蔬果维生素 C 的含量,并在探究过程中形成周密思考问题的方法和习惯。

材料用具:
八种"水八仙"的可食用部分、烧杯(8 个)、试管(8 个)、吸管(8 个)、高锰酸钾溶液、纱布、研钵、标签纸等。

活动过程:
(1)检查实验器材。
(2)称取相同重量的八种"水八仙",分别放到研钵中研磨出汁液(研钵要及时换洗)。
(3)将这八种新鲜的汁液分别倒入八个小烧杯内,标注好名称。
(4)取用试管,分别注入约 2 mL 同一浓度的高锰酸钾溶液。

（5）取洁净、干燥的吸管，分别吸取汁液，逐滴滴入试管中，边滴边观察（吸管要及时替换）。

注意：滴加汁液时一定要逐滴加入，边滴加边摇荡边观察，避免滴加过多，影响计数的准确性。

（6）当高锰酸钾溶液褪去颜色后记录下汁液的滴数。

	材料名称	汁液滴数
1号试管		
2号试管		
3号试管		
4号试管		
5号试管		
6号试管		
7号试管		
8号试管		

（7）分析结果，得出结论：_____。

讨论与思考：我们如何避免实验操作的偶然性？

2. 调查：_____ 种群密度的取样调查

活动目的：

运用已学会的方法，取样调查以莲藕为代表的挺水植物的种群密度。

材料用具：

皮尺（或卷尺）、尼龙绳、木橛子、钢笔（圆珠笔）、记录本等。

活动过程：

（1）制定计划：

（2）设计表格：

（3）实施计划并记录数据。

（4）分析数据，得出结论。

注意：所选择调查的植物必须生长在近岸的浅水中，调查时一定要注意安全。

讨论与思考：湿地植物在湿地生态系统中的作用是什么？

第 3 章 水泽洞庭蕴天宝
——太湖洞庭山及其特色水果的研究

浩渺太湖之中，东、西洞庭山，东接苏州古城，北望近邻无锡，南临浙江湖州，两山又遥遥相望，如同两颗璀璨明珠。"太湖三万六千顷，渺渺茫茫浸天影。东西洞庭分两山，幻出芙蓉翠翘岭。"姑苏才子唐伯虎的这首《烟波钓叟歌》，至今还在太湖洞庭东、西两山之间回荡。这里，渔舟唱晚，古宅深巷，四季鲜果，温婉灵秀。其曾被地理人文学者誉为"最后的水上江南"。想必看过电视剧《橘子红了》的观众，对此景象一定记忆深刻。

不同的季节，东、西洞庭山都有不同的特色水果，有黄花簇簇开的枇杷，有吴越佳果杨梅，有秋来尽带黄金甲的银杏……你若来洞庭山，定能体会到洞庭山四季水果鲜美，处处景色宜人，还有那丝丝的吴侬软语。

你游览过东、西洞庭山岛吗？你知道什么是"洞庭三宝"吗？你品尝过"洞庭三宝"吗？学习了本章你将会了解太湖的地理、气候特点，知道"洞庭三宝"的形态、结构及生理特点，以及栽培、管理"洞庭三宝"的基本方法。我在洞庭山等你，不见不散。

内容提要

* 洞庭山的生态环境特点
* "洞庭三宝"：枇杷、银杏、杨梅的特点特性及其文化和生物技术应用
* 洞庭山生态环境对"洞庭三宝"产品特性的影响
* 构建"美丽洞庭"模型

本章学习意义

太湖孕育了洞庭地区得天独厚的地理、生态环境和生物资源。本章你将了解到洞庭地区独特的环境特点、几种典型果树及其相互间的关系。

第 1 节 太湖水的恩赐
——美丽洞庭

学习目标

了解 洞庭地区概貌

概括 洞庭地区地理环境和生态环境

绘制 洞庭地区气温曲线图和降水柱状图

调研 洞庭地区相关生态环境因素，根据数据分析生态环境情况

建模 采集实景元数据并进行洞庭山实景建模和数据分析

关键词

- 洞庭山的生态环境

图 3-1-1　太湖洞庭古地图

图 3-1-2　太湖洞庭地图

"太湖美呀太湖美，美就美在太湖水。水上有白帆哪，啊水下有红菱哪。水边芦苇青，水底鱼虾肥。湖水织出灌溉网，稻香果香绕湖飞。"一曲《太湖美》，道不尽的江南水乡秀美，说不完的洞庭物华天宝。太湖四周，河流纵横交错，湖泊星罗棋布，孕育了水网密织的太湖平原。美丽洞庭山就分布其中，她是中国十大名茶之一——洞庭碧螺春的原产地，也是国家 5A 级风景区。洞庭山历史文化底蕴深厚，区域生态环境优越，天天有鱼虾，季季有花果，其中最为著名的就是枇杷、银杏、杨梅等。就让我们一起走进洞庭山，感受洞庭山的富饶、美丽及其孕育的宝物。

一　洞庭山的概貌

万顷湖光碧连天，渔帆鸥影疏点点。春日，百花盛开，万紫千红，茶芽滴翠；初夏，枇杷披翠挂黄，杨梅枝茂叶壮；秋时，漫山橘林，万绿丛中红灯盏，千年古杏，落英缤纷漫野金。青山如黛，碧水似镜，支舟湖上，乐而忘返。

洞庭山包括东洞庭山和西洞庭山两个部分。西洞庭山，四面环水；东洞庭山，三面临湖。洞庭东西山隔水相望，逾距不过 5 公里。清代中叶，西洞庭山、东洞庭山和马迹山同列为"湖中山"之首，是太湖最大的岛屿。

二　洞庭山的果树生长环境

1. 地形：洞庭东山面积 63 平方公里。地形不复杂，湖岸线比较平直。山脉自东北走向西南。最高的莫厘峰（俗称大尖顶）偏在东北端，海拔 292.4 米，自此向西南其他各峰高度依次递减。洞庭西山面积 70.25 平方公里，全境东北狭而西南宽，港湾很多，地形复杂。全境重岗复岭，最高的缥缈峰海拔 334.3 米。冈峦起伏较大，割切较烈，四周有不少深浅不等、坐向不一的山谷，这些山丘外貌圆浑。其间因地面下降沉溺为湖湾，再经坡积物、洪积物填充而成为较平坦的谷地，成为山坞，是经济果树主要的分布所在。

2. 气候：洞庭山的气温受太湖和复杂地形的影响显著。这些影响对果树的栽培分布，尤其是常绿果树在这一地区的经济栽培，有着决定性作用。

3. 温度：太湖对洞庭山气温的主要影响是在冬季起着显著的调节作用。洞庭山年均温度为 15.6~16.5 ℃，生长期达 290 天。

表 3-1-1　洞庭西山地区月平均气温（2008 年—2010 年）年均气温：15.8℃

月份	1	2	3	4	5	6
平均温度	2.1	6.0	8.1	15.2	19.6	24.5
月份	7	8	9	10	11	12
平均温度	28.4	28.3	24.4	17.3	11.8	4.2

4. 降雨：洞庭山的雨量均在 1 000~1 500 mm 之间，全年降雨天数近 120 天（表 3-1-2）。

表 3-1-2　洞庭东山全年各月平均降雨天数及降雨量　单位（mm）

月份	1	2	3	4	5	6
天数	8.8	8.3	9.0	12.4	8.8	12.5
雨量	47.4	98.0	119.2	97.4	53.5	129.7
月份	7	8	9	10	11	12
天数	8.0	11.0	10.3	7.8	10.0	11.0
雨量	28.4	28.3	24.4	17.3	11.8	4.2

图 3-1-3　沙土　　　图 3-1-4　壤土　　　图 3-1-5　黏土

5. 土壤：洞庭山主要由五通硬质的石英砂岩及紫云母砂岩所构成，部分地区是中生代石灰岩。洞庭山果园土壤最常见的是黏质土壤和壤质黏土。土壤的交换条件优良，透水性能和保水性能较好，具有较高的肥沃性。

6. 植被：洞庭山海拔不过 300 余米，但构成较清楚的植物垂直分布。大体来说，最上部是草山，其下以马尾松为主的针叶树和常绿阔叶树的混交林山麓是果树栽培区，湖湾地区是果树和水稻栽培区。

这些植物群丛之间，彼此存在着密切的相互联系和制约关系。例如当马尾松、冬青、杨梅群丛生长繁茂时，地下水源充裕，而其下方的经济果树群丛也具备了必要的生长条件，能够生长繁茂；反之，马尾松、冬青、杨梅群丛被破坏殆尽，水源发生问题时，经济果树会生长不良，甚至不能生长。

知识链接

更多洞庭山资料请查阅"苏州地方志"，网址：http://www.dfzb.suzhou.gov.cn。

科学思维

绘制洞庭山气候相关因素某年月均变化图

要求：

1. 根据表 1 洞庭西山地区月平均气温和表 2 洞庭东山降雨变化，分别绘制洞庭山地区某年气温变化曲线图以及降雨天数、雨量变化柱状图。
2. 根据所绘图标，展示并说明洞庭山气候相关因素每年月均变化情况，思考并尝试说明洞庭山地区气候与果树生长的关系。

知识链接

土壤质地一般分砂土、壤土和黏土三类。砂土抗旱能力弱，保肥保水性能弱；黏土养分丰富，且有机质含量较高，保肥性能好，但有时排水困难，影响农作物根系生长；壤土兼有砂土和黏土的优点，是理想的土壤，适种的农作物种类多。

图 3-1-6　洞庭东山

图 3-1-7　洞庭西山

洞庭山经济果树的种植，是符合植物生长规律而进行的人为操作。但是我们也必须了解，像洞庭山这样长久以来就是人口稠密的地区，植被受人为因素影响越来越大。原来丛林深邃、山泉众多的原生植被早已被破坏殆尽，也大大限制了果树的生长。

让我们一起来关注洞庭山的生态环境，贡献我们的智慧，采取措施，保护美丽洞庭山。

图 3-1-10　太湖洞庭山区

图 3-1-8　整株植物标本

互生叶序　　对生叶序　　轮生叶序
（桃）　　　（月季）　　（栀叶）

图 3-1-9　植物叶序类型标本

技能训练

制作简易植物标本

活动目的：
学会采集和制作植物标本。

材料用具：
小镐、掘铲、树枝剪、细绳、针线、台纸（白色、40×27 cm）、吸水皱纹纸、标本夹、"形色"等APP、植物志。

活动过程：

1. 采集：采集几株完整的植物，将标本装入收集带，并做好采集地、植物名等相关记录。

2. 整形：将植物体展平在吸水皱纹纸上，其中少部分花、叶、果背面朝上展平，并剪去多余的枝叶。

3. 压制：标本的上下面分别覆盖多层吸水皱纹纸，并置于标本夹内，压制一周，每天换纸2～3次。

4. 固定：取出标本，置于台纸上，并用针线固定。

5. 定名：对标本进行检索，确定标本的种名、学名和科名，填写到标本签上，贴在台纸的右下角。

第 3 章 水泽洞庭蕴天宝
——太湖洞庭山及其特色水果的研究

探究·实践

尝试洞庭山实景建模与分析

活动目的：

学会操作无人机及拍摄技术，学会运用 ContextCapture 等建模软件进行洞庭山实景建模。初步了解洞庭山生态环境及测算果树分布、种植面积等数据，并提出改进生态环境的方案。

材料用具：

地图、照相机、无人机、电脑、ContextCapture 等实景建模软件、硕鼠视频下载工具等。

活动过程：

1. 下载 ContextCapture 等实景建模软件、硕鼠视频下载工具，自主学习软件使用方法。
2. 根据洞庭山地区地图，确定一片实景采集区域。
3. 运用无人机采集该实景元数据，确定若干标志物及数据。
4. 运用 ContextCapture 等软件，形成洞庭山 3D 实景模型。

测算分析

观察洞庭山 3D 模型，宏观把握该地区生态环境、果园分布等基本情况；分析实景建模细节，根据标志物估算洞庭山果园分布情况，如果树种类、面积、海拔、分布等，撰写模型分析报告，并提出改进生态环境的方案。

知识链接

实景建模软件是利用软件达到构建规模最大且最具挑战性的三维实景模型。通过使用各种各样的相机，从智能手机到专业化的高空或地面多向采集系统，获得的图像格式和元数据来制作三维模型。创建的三维实景模型具有精细的细节、锐利的边缘和几何精度，甚至达到整个城市规模的模型。实景建模软件可以为全球各种类型的基础设施项目轻松快速地提供设计、施工和运营决策的背景信息。目前，实景建模应用于城乡规划、地下市政管线结合、施工模拟、数字展馆、智慧城市等方面。

图 3-1-11 建模软件使用示意图 1

图 3-1-12 建模软件使用示意图 2

图 3-1-13 建模软件使用示意图 3

一、概念理解

1. 果园中适当密植可以提高单位面积的产量，但种植过密反而会导致减产。用生态学观点做出正确解释的是（　　）。

    A. 过度密植导致害虫大量繁殖　　　　B. 过度密植造成通风不良

    C. 过度密植造成种内竞争激烈　　　　D. 过度密植造成杂草生长旺盛

2. 下列关于生态系统稳定性的叙述，错误的是（　　）。

    A. 生态系统中的生物种类越多，营养结构越复杂，恢复力稳定性越强

    B. 不同的生态系统，抵抗力稳定性和恢复力稳定性都是不同的

    C. 恢复力稳定性较高的生态系统，往往抵抗力稳定性较低

    D. 生态系统具有抵抗力稳定性是因为其内部具有一定的自动调节能力

3. 下列有关叙述，正确的是（　　）。

    ① 在果园中适当增加食物链，能提高该生态系统的稳定性

    ② 生态农业实现废物资源化，能提高能量的转化效率，减少环境污染

    ③ 生态系统的信息传递是沿食物链进行的

    ④ 湿地生态系统调节气候的作用体现了生物多样性的直接价值

    A. ①②　　　　B. ②③　　　　C. ③④　　　　D. ①④

二、技能训练

调查洞庭果园生态系统

（1）活动目的：

调查洞庭山地区任一果园生态系统，记录有关生态系统成分的数据，并分析该生态系统的特点。

（2）材料用具：

无人机、照相机、昆虫瓶、捕虫网、收集瓶、卷尺、小铲子、放大镜等。

（3）活动过程：

① 实地考察洞庭山地区生态环境，收集有关动植物标本，记录并拍摄有关因素的相关数据。

② 对洞庭山果园生态系统的有关成分进行记录和分析，并完成分析报告。

			种名	属名	科名	食物组成	意义
生物成分	生产者	种类1					
		种类2					
	消费者	种类1					
		种类2					
	分解者						
非生物成分							

（4）交流和展示：调查结果与分析报告。

第 2 节 四季精华
——枇杷

"大叶耸长耳，一梢堪满盘。荔枝多与核，金橘却无酸"，这是对枇杷的描写，但是，对于熏着太湖温润的水汽，秋萌、冬花、春实、夏熟的洞庭东山白沙枇杷，这样的描写远远不够。洞庭东山白沙枇杷是我国最为著名的优良品种之一，可谓世界性的名牌品种。让我们在风起川峦、雾漫林田的端午时节，轻咬枇杷三两只，一起去品尝这独特的滋味吧！

一 史话枇杷

枇杷属蔷薇科枇杷属。全世界范围内栽培的枇杷有800多个品种，中国有300多个品种。中国枇杷栽培历史久远，可追溯至公元前1世纪，古书就曾有相关记载。枇杷向国外输出始于唐朝。从唐宋时期开始，枇杷被视为高贵、美好、吉祥、繁盛和恒久的象征，成了专供宫廷贵族们享用的一种珍贵"贡品"。日本"遣唐使"将枇杷带回日本，所以才有了"唐枇杷"之说。法国巴黎植物园于1784年从我国广东引入枇杷，1787年英国皇家植物园也从广东引入枇杷。由此，枇杷开始在西半球各地传播开来。

枇杷历来受到文人的追捧。从白居易的《山枇杷》诗，到柳宗元的"夏首荐枇杷"；从宋徽宗的《枇杷山鸟图》绢本画，到吴门沈周的《枇杷晚翠》图；从齐白石的《枇杷扇》图，到吴昌硕的《湖石枇杷》图，枇杷长久以来被文人雅士赋予了太多文化内涵和人文意义。

图 3-2-1 枇杷果园

图 3-2-2 枇杷果树

二 初夏第一果——洞庭枇杷

在长期的人工栽培和选育过程中，逐渐形成了丰富多样的地方品种，其中浙江、福建、江苏三个地区的枇杷以品质优、产量高、

学习目标

了解 枇杷的基本特点

概括 洞庭东山枇杷的特点、特性和价值

调研 洞庭东山枇杷的生长环境，了解果树育种栽培、生物工程等；分析洞庭东山枇杷的独特性与生态环境的关系

学会 自制枇杷膏，文化设计产品

探究与设计 探究水果电池制作；尝试实验，再设计了解生物电池的未来应用

关键词

- 枇杷的生物学特性
- 枇杷的文化

图 3-2-3 宋徽宗《枇杷山鸟图》

图 3-2-4 青花瓷上的枇杷图案

知识链接

趣话枇杷：枇杷不是此琵琶，只怨当年识字差

明朝文人沈石田有一次收到友人送来的一盒礼物，并附有一信。信中说："敬奉琵琶，望祈笑纳。"他打开盒子一看，却是一盒新鲜枇杷。沈石田不禁失笑，回信给友人说："承惠琵琶，开奁视之：听之无声，食之有味。"友人见信十分羞愧，便作诗一首，借以自嘲："枇杷不是此琵琶，只怨当年识字差，若是琵琶能结果，满城箫管尽开花。"

艺术鉴赏

"最美诗词"分享会

杨柳枝枝弱，枇杷对对香
　　　　　　——唐·杜甫

淮山侧畔楚江阴，五月枇杷正满林
　　　　　　——唐·白居易

五月天气换葛衣，山中卢橘黄且肥
鸟疑金弹不敢啄，忍饥空向林间飞
　　　　　　——清·吴昌硕

历代文人墨客的名篇佳句，点染出江南枇杷的旖旎风光。请你也来分享一些吧！

图 3-2-5　齐白石　枇杷

图 3-2-6　吴昌硕　枇杷

种类多而闻名于世。

洞庭枇杷现栽种面积约有 2 800 亩，仅次于杨梅、柑橘，位居第三。现在洞庭山已知枇杷种类约 30 种，但其中主要栽培的品种并不很多。东山人种枇杷历史悠久，宋代吴县栽种枇杷见诸记载，《吴县志》载 10 世纪中期，枇杷是在太湖洞庭山地区栽植。明代王世懋《学圃杂疏》记有"枇杷出东洞庭者大"。东山白沙枇杷被世人盛赞，20 世纪 80 年代时以照种为主，此后随科技兴农，东山枇杷品种不断优化。

照种是洞庭山最著名的佳种。该品种丰产稳产。花期迟，当地 11 月下旬至 12 月上旬开花，耐寒，6 月中旬成熟。耐贮运，为外贸出口品种。该品种树势中庸偏强，节间短，分枝多。白玉枇杷果实大，椭圆形或高扁圆形，平均重 33 g，大者可达 36 g。果顶平凹，基部钝圆；萼筒大，萼片宽短，平展；果面淡橙黄色，绒毛多，绒毛呈灰白色。果实含种子 2~3 粒，单粒种子重 1.32 g。白玉枇杷最显著的特点就是果肉洁白，果肉平均厚度 0.85 cm，可溶性固形物 12%~14.6%，可食部分 70.55%，含酸量 0.46%，甜酸适度，肉质细腻，易溶，汁多，品质极佳。

轻啖白玉三两只，除却巫山不是云。

图 3-2-7　枇杷花

图 3-2-8　枇杷果实

三　四季精华，通身是宝

古人认为，枇杷秋萌、冬花、春实、夏熟，可谓集四时之气，在水果中独树一帜。经分析测定，枇杷的蛋白质、脂肪、碳水化合物、多种矿质元素及维生素含量都较丰富，富含各种氨基酸，尤其是谷氨酸含量极高，味之鲜美为许多果品所不及。枇杷果汁富含钾，钠含量少，适合需低钠高钾食物的病人。

枇杷全身是宝。枇杷除了具有丰富的营养成分之外，更为珍贵的还在于其独特的保健功能。中医认为，枇杷性味甘、酸、平，无毒，有止泻下气、利肺气、止吐逆、去焦热、润五脏之功效。枇杷的叶、

花、果、根及树皮均可入药。根可入药，主治虚痨咳嗽、乳汁不通、风湿痹痛；叶入药始载于《名医别录》，功能为清肺止咳，降逆止呕，用于肺热咳嗽、气逆喘急、胃热呕逆、烦热口渴等症状；花具有止渴下气、利肺、止吐逆、去焦热、润五脏的功效，还可制作枇杷花茶和枇杷蜜；果实可入肴；蜜味甘美清香，有润肺止咳、化痰、通顺之功效，是蜂蜜中的上品。

四 枇杷生长的环境条件

图 3-2-9　枇杷各类产品

> **创客空间**
>
> **尝试古方"私人订制枇杷膏"**
>
> 活动目的：
> 1. 熬制枇杷膏。
> 2. 自主设计产品名称、图案、广告语等文化标识。
>
> 材料用具：
> 枇杷花、叶、果，冰糖，铁锅，个性包装瓶等。
>
> 方法步骤：
> 1. 清洗材料（花和叶）。
> 2. 材料置于铁锅内，加满水煮开后小火熬制五到六个小时，捞出所有材料，并过滤出深褐色的汤汁。
> 3. 将枇杷果肉用料理机打成汁，之后倒入深褐色的汤水内，搅拌均匀，加入冰糖，继续熬制三到四个小时。熬制时注意不停搅拌，防止粘底或干焦。
> 4. 熬至呈深褐色膏状液体时，出锅，装瓶。
> 5. 为此款"私人订制枇杷膏"自主设计产品名称、图案、广告语等文化标识。

图 3-2-10　熬制好的枇杷膏

1. 温度：枇杷是较耐寒的常绿果树。凡年平均温度在 11～15 ℃以上、冬季不低于 -5 ℃、花期和幼果期不低于 -3 ℃的地区均可经济栽培。冬季的低温直接影响产量，成为枇杷能否经济栽培的主要限制因子。

2. 湿度：枇杷喜湿润，产区年降雨量在 1 000 mm 以上。夏秋适度干旱有利于促进花芽分化；春夏雨水过多，易使枝叶徒长；成熟期雨水过多则导致果实色泽差，风味淡，易裂果；积水易引起大量落叶和烂根。

3. 光照：枇杷喜阳又耐阴，一般宜选南向或东南向。闽南无冻害区，可选北坡风力不大的地方种植。

> **知识链接**
>
> **绿色安全的枇杷果实套袋技术**
>
> 为了生产绿色无公害产品，确保舌尖上的安全，洞庭山枇杷的栽种执行相关技术规范及要求，实施套袋技术。该技术可以减少鸟类对果实的危害，保证果面完整和果实的商品性；可以防止果实日灼病和裂果的发生，提高农民经济收益；降低农药和人工成本，防止农药污染，促进绿色无公害生产。

知识链接

1.《落实中央政策，江苏果树"远嫁"贵州》（新闻链接：http://www.aweb.com.cn）2007年3月12日农博网

2.《安顺苏州友好合作成果初现白沙枇杷挂果了》（新闻链接：http://gzrb.gog.cn/system/2007/05/22/010054037.shtml）2007年5月22日07:09贵州日报

4. 土壤：土壤适应性强，用砂质土栽培能提早结果，产量高且味甜，但果形较小。一般要求使用表土深厚、含腐殖质的砂质壤土，且以pH值在6左右的微酸性土壤为宜。

5. 风力：枇杷叶片宽，树冠大，根系较浅，在栽培时注意引根向下，并注意防风。

探究·实践

洞庭山环境的独特性对枇杷生产的影响

新闻链接：

了解"东山照种白沙枇杷曾作为扶贫项目引种贵州，并获成功"的相关新闻内容：《落实中央政策，江苏果树"远嫁"贵州》《安顺苏州友好合作成果初现白沙枇杷挂果了》。

对话农林专家：

1. 参加对象：苏州农业职业技术学院果树专家、学生。
2. 地点：东山杨湾乡西坞枇杷种植基地。
3. 过程：参观枇杷种植基地，考察果树生长环境，了解有关灌溉、施肥、栽培等情况。
4. 对话话题：

（1）媒体报道洞庭东山白沙枇杷曾被作为扶贫项目引种贵州，并获得了成功，了解一下新闻事实。

（2）洞庭东山枇杷味道鲜美，在对话中了解如何保持优良性状、育种栽培技术、保鲜工艺以及产品深加工技术等情况。

调研与撰写报告：

1. 实地观察枇杷生产基地的环境，测量温度、湿度，采集土壤，收集相关材料，记录相关数据。
2. 根据本单元第1、2两节的相关内容，阐述洞庭山地区环境的独特性对枇杷生产的影响。
3. 撰写调研报告，并提出改善环境的合理化建议。

创客空间

制作水果电池并探索生物电池

活动目的：

1. 关注生活中的科学，将水果或蔬菜作为实验对象，探究它们作为生物电池的现象、原理和应用。
2. 学会在实验中进一步反思和优化活动设计。
3. 进一步探究生物电池及其在航空、环保等领域的应用。

图3-2-11 水果电池

创客空间

材料用具：

枇杷、柠檬、苹果、土豆、万用表、灵敏电流计、铜条（2×4.5 cm）、锌条或镁条（2×4.5 cm）、砂纸、电烙铁、焊锡、导线等。

方法步骤：

1. 打磨实验需使用的铜片与锌片。
2. 将枇杷、柠檬、苹果、土豆分别与铜片、锌片、导线（带夹子）、电流表连成电路。
3. 观察电流表的正负极，用导线分别与不同金属片相连，并记录。
4. 观察不同水果电池电流表的示数与指针方向，并记录。更换同类水果2次，记录相关数据。

数据记录与统计：

编号	水果	次数	接正极金属	接负极金属	电流值（mA）	指针偏转方向	均值
1	枇杷	①	铜	锌			
		②	锌	铜			
		③	锌	铜			
2	柠檬	①	铜	锌			
		②	锌	铜			
		③	铜	锌			
3	苹果	①	锌	铜			
		②	铜	锌			
		③	铜	锌			
4	土豆	①	锌	铜			
		②	铜	锌			
		③	锌	铜			

探究结果与再设计：

1. 《水果电池科技探究活动》报告：要求呈现探究的过程与结果；应用生物、物理和化学方法阐述水果电池的原理；分析实验结果和数据，探究水果电池的生活应用。
2. 探究方案再设计：实验中发现，影响水果电池电流大小的因素有很多，如水果的种类、金属片插入水果的深度及距离、金属片化学性质等，因此请你进一步拓展，设计《探究不同因素对水果电池电流大小的影响》的实验方案。
3. 进一步探索生物电池的原理及其在航空、环保等领域的应用。

图 3-2-12　苹果电池

图 3-2-13　水果电池灯

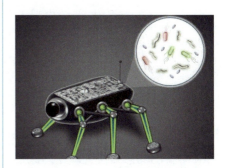

图 3-2-14　微生物电池

知识链接

微生物电池

用微生物的代谢产物做电极活性物质，从而获取电能。如用一种叫产气单胞菌的细菌，处理100克分子椰子汁，使其生成甲酸，然后把以此做电解液的3个电池串联在一起，生成的电能可使半导体收音机连续播放50多个小时。此项研究正在实验之中。

一、概念理解

1. 根据洞庭东山白沙枇杷的生活习性,栽种该品种枇杷应选择的较为合适的土壤是(　　)。

   A. 沙土　　　　　　　B. 壤土　　　　　　　C. 黏土

2. 洞庭东山白沙枇杷是我国最为著名的优良品种之一,为了扩大种植,更适合的繁殖方式是(　　)。

   A. 种子繁殖　　　B. 扦插　　　　C. 嫁接　　　　D. 压条

3. 在枇杷嫁接技术中,常采用的方法是切接,即多用实生苗作砧木进行切接。时间一般在2月中旬,砧木要略粗于接穗,在离地5~8 cm处横向切断,准备嫁接。用挂过果的1~2年生的健壮枝条作为接穗,保留顶芽和2个侧叶,去掉其他叶片,接穗插入砧木,接穗与砧木的_____务必对齐,后用塑料条绑扎保护。枇杷切接有成活率高、长势好、挂果快的优势。

4. 樱花、月季和枇杷一样同属蔷薇科植物,樱花先开花后出叶,月季先出叶后开花。那么下列关于樱花和月季开花时植株所需能量的主要来源,以及开花时各自体内能量转化形式的叙述,正确的一组是(　　)。

   ① 植物从土壤中吸收的养料　　　　② 叶的光合作用
   ③ 上一年植物体内储存的营养物质　　④ 只存在化学能转换
   ⑤ 光能转换和化学能转换同时存在

   A. 樱花①③④；月季②④⑤　　　　B. 樱花③⑤；月季②④
   C. 樱花②⑤；月季②⑤　　　　　　D. 樱花③④；月季②⑤

二、科学思维

1. 果树种植中预防虫害是一个很重要的环节,在这方面你有什么好的建议吗?
2. 用自己的语言阐述疏花疏果这一果园管理措施对枇杷结果的影响。

三、技能训练

撰写《栽下一棵枇杷树》实践报告

要求:

(1)学习并运用栽培技术,栽下一棵枇杷树,并为树命名。
(2)初步尝试组织培养的果树复壮技术。
(3)结合实际操作介绍枇杷栽培的技术。
(4)设计洞庭山枇杷保鲜技术和推广方案。

第 3 节 植物界的大熊猫
——银杏

第3章 水泽洞庭蕴天宝
——太湖洞庭山及其特色水果的研究

"自古逢秋悲寂寥，我言秋日胜春朝。"这是诗人刘禹锡对秋的情怀。在你对秋的记忆里，是否和我一样，总有一幅最美的画面，"金色的落叶洒满青色的瓦屋，微风轻盈，旋转在稀疏的艳阳里，铺就满地金色的芳华"。洞庭东山是著名的银杏之乡，让我们共同走入其中，感受银杏史诗一般的生命历程。

学习目标

了解 银杏的基本特点
概括 银杏的特点、特性、文化和价值
调研 家乡最美银杏，绘制观赏地图、观察报告
设计 城市区域绿化方案和银杏创意画
探索 鉴别银杏雌雄株

关键词

- 银杏的生物学特性
- 银杏的文化

一 古木寻踪

东山北望岭下村的村口有一棵已被吴中区农业局挂牌树龄2 000年的"江苏银杏王"，此树高达30余米，干周长达20余米，胸径达3.7米。当地人称"神树"。

作为银杏之乡的古镇东山的山坞、山湾、湖岛、庙宇分布着众多的古银杏树，仅东山的曹坞、俞坞、槎湾、杨湾、上湾、白沙、余山岛存有的树龄在150~800年的古银杏树就达47棵。另外，在紫金庵、春在楼、轩辕宫、北望岭下村、虎丘、定慧寺、苏州大学、文庙、道前街等地也还留存着古银杏树。

图3-3-1 最老神树"江苏银杏王"（发现地：东山北望岭下村）

图3-3-2 苏州大学内的银杏林

二 沧桑历史

银杏作为中国特有的第四纪冰川时代孑遗树种，已经有两亿五千万年的历史，尤其是经过冰川期的残酷的环境变化，恐龙等很多生物灭绝了，但是银杏存留了下来，有"植物界的大熊猫"等美誉，俗称白果树、公孙树、鸭脚树。中国人用银杏作为中药也已经有

艺术鉴赏

欣赏银杏创意画

银杏树叶姿态优美，人们运用银杏树叶进行了很多艺术创作，如下图：

图3-3-3　银杏创意画

图3-3-4　银杏创意画

要求：尝试以某一主题创意，用银杏植物材料制作创意画并展示。

4 000多年的历史，明朝李时珍的《本草纲目》就有明确记载。银杏在当今中国的林业经济、生态环境和文化中占有很重要的地位。

银杏是一种生命力强大的树种，上千年树龄的古银杏树在国内屡见不鲜。它的受精方式独特，且生殖能力强，银杏的树干和根上都能萌发不定芽，生长速度快。

图3-3-6　银杏叶化石

图3-3-7　萌生而出的银杏小树苗

图3-3-8　复干长大了就会形成这样的银杏群

创客空间

制作观赏最美银杏手绘地图

要求：

1. 查询苏州各大银杏观赏地。
2. 设计出行观赏路线，绘制手工地图。
3. 观赏银杏，将看到的景致与手工地图有机结合，形成个性化银杏观赏地图及报告。
4. 分享你的作品。

三　银杏不是杏，白果不是果

银杏为银杏科银杏属，裸子植物。主产于我国广东、辽宁、江苏、浙江、陕西、甘肃、四川、贵州、云南等省。落叶高大乔木，高达30～40 m，全株无毛。茎直立，树皮呈淡灰色，老时呈黄褐色，纵裂。雌雄异株，雌株的大枝开展，雄株的大枝向上伸。枝有长枝和短枝之分。

叶具长柄，簇生于短枝顶端或螺旋状散生于长枝上，叶片扇形，上缘浅波状，有时中央浅裂或深裂，具多数2叉状并列的细脉。

花单性异株，4～5月间开花，稀同株；雄球花为茅黄花序状，

图3-3-5　雄球花

雌球花具长梗，梗端 2 叉（稀不分叉或 3~5 叉）。

种子核果状，近球形或椭圆形；外种皮肉质，上有白粉，熟时呈淡黄色或橙黄色，状如小杏，有臭气；中种皮骨质，白色，具 2~3 棱；内种皮膜质；胚乳丰富，子叶 2 枚。银杏和白果这两个名称由此而来。所以，银杏不是杏，白果不是果。

创客空间

制作白果烧鸡

成都青城山区有一道传统名菜——白果烧鸡，其特点是汤汁浓白，鸡肉异常鲜美，春天里，这道菜对预防流感有一定的功效。

步骤方法：

1. 鸡宰杀洗净，取肉剁成长方块，用酱油拌匀。用刀将白果拍碎。
2. 油热后将鸡肉下锅，炸至金黄时捞出控油。再将白果仁入油锅中炸透，捞出。
3. 另取锅，入猪油，热后下葱段、姜片略炸。烹入鸡清汤，入料酒、精盐、白糖、酱油、大料各适量，再放入炸好的鸡肉和白果，转文火炖烂后，再转大火，水淀粉将汁芡收浓。

分享：

将做好的白果烧鸡与大家一同品尝。

注意：

俗话说"美物不可多用"，食用银杏一般一天不可超过 10 颗。生吃毒性更大，不要生吃哦！

图 3-3-9　雌性裸露胚珠

图 3-3-10　银杏种子

图 3-3-11　外种皮白酐后的银杏种子

四　银杏的价值

银杏浑身上下都是宝。

1. 食用价值：食用银杏白果，养生延年。银杏在宋代被列为皇家贡品。中医认为，白果有祛痰、止咳、润肺、定喘等功效。现代科学证明，白果味甘苦涩，具有敛肺气、定喘咳的功效，可用于治疗呼吸道感染性疾病，对于肺病咳嗽、虚弱体质的哮喘患者也有辅助食疗作用。日本人有每日食用白果的习惯。西方人圣诞节必备银杏。就食用方式来看，主要有炒食、烤食、煮食、配菜、糕点、蜜饯、罐头、饮料和酒类等。

2. 现代医学价值：现代医学研究认为，银杏中最有医疗效能的成分是银杏类黄酮、银杏苦内酯和氨基酸。银杏中的各种元素之间是协同作用，因而其各种疗效是各种元素和化合物之间的协同疗效，这是单一成分的西药的效果所不能比的。银杏有整体净化血液的功

> **知识链接**
>
> 自古以来，随着人们对银杏的栽种和认识越来越多，形成了独特的银杏文化，包括银杏文学、艺术、美学、饮食、生态等文化。
>
> 民国时期开始出现专门介绍银杏的文章，1934 年周建人发表了题为《银杏树》的文章，讲述了银杏的名称、历史、植物学特征等。
>
> 1935 年，曾勉发表《浙江诸暨之银杏》，这在我国是首次对银杏的分类和品种资源进行了研究和阐述。

艺术鉴赏

鉴赏城市区域绿化

为了促进城市绿化事业的发展，改善生态环境，美化生活环境，增进人民身心健康，我国1992年修订了《城市绿化条例》。我们所居住的城市和区域到处分布着优美的绿化和人文景观。选取城市某一区域（街道、小区、广场等）进行观赏。

能，防治心血管、高血压、糖尿病、脑中风等疾病，整体提升人体的免疫功能，具有防治癌症等功效。银杏的药用价值得到越来越多的开发。

3. 材料价值：银杏树干通直，有特殊的药香味，抗蛀性强，因此是制作乐器、家具的高级材料。由于其木材优质，价格昂贵，素有"银香木"或"银木"之称。

图3-3-13　各种银杏产品

图3-3-14　银香木家具

4. 生态价值：

绿化环境：银杏是公认的绿化林木。树姿雄伟壮丽，叶形秀美，寿命较长，病虫害少，夏天一片葱绿，秋天金黄可掬，并且抗病虫害。

净化空气：银杏具有抗污染、抗烟火、抗尘埃等功能。如在工业区、住宅小区、人口密集地等按一定比例种植银杏树，可以减少大气中的悬浮物含量，提高空气质量。

保持水土：银杏有涵养水源、防风固沙、保持水土等功效。在森林被伐、水土流失的地区，栽培银杏防护林区可以保持水土，改善生态环境。

调节气温：银杏树具有冬暖夏凉的功能。盛夏时节，掌心触摸银杏树干，手感冰凉，触摸其他树（如柳树）的树干，掌心觉热。据测定，盛夏时节，大气气温高达40.2℃时银杏树下为35.3℃，温差为4.9℃，因此，种植规模型的银杏林区，对调节气温、改善气候有着不可小视的良好影响。

图3-3-12　苏州道前街银杏树

一、概念理解

1. 银杏种子的（　　）为骨质、白色。

   A. 假种皮　　　　　B. 外种皮　　　　　C. 中种皮　　　　　D. 内种皮

2. 银杏和杏树相比，最主要的不同之处是（　　）。

   A. 银杏的果实内有种子　　　　　　　　B. 银杏没有果实，种子裸露在外面

   C. 银杏的种皮包裹着种子　　　　　　　D. 银杏的胚珠外面有子房壁包着

二、技能训练

鉴别银杏雌雄株

银杏为雌雄异株植物，鉴别雌雄株的方法有形态观察法、酶谱鉴别法、酶活性鉴别法、化学鉴别法。本次采用形态观察法和化学鉴别法。

（1）鉴别方法：

形态观察法：从植株、枝、叶、花等外部形态观察，加以区别。

化学鉴别法：银杏的不同性别对各类化学药剂的不同反应。

（2）材料用具和步骤：

① 分别采集雌雄两株生长健壮的银杏新鲜叶片，雌株编号为1号，雄株编号为2号，运用形态观察法辨别雌雄株，做好记录。

② 分别配制0.4%、0.5%和1%重铬酸钾溶液，装有蒸馏水的试管若干。

③ 将编好号的带叶柄的银杏叶分别插入0.4%、0.5%和1%重铬酸钾溶液和蒸馏水的试管中，分别处理6小时、10小时和24小时，进行观察，并记录结果。

银杏叶	1号	2号	1号	2号	1号	2号	1号	2号
形态观察法								
溶　液	0.4%重铬酸钾	0.4%重铬酸钾	0.5%重铬酸钾	0.5%重铬酸钾	1%重铬酸钾	1%重铬酸钾	蒸馏水	蒸馏水
6小时								
10小时								
24小时								
结　果								

（3）形成实验报告，并交流展示。

第 4 节 初疑一颗价千金
——杨梅

学习目标

了解 杨梅基本特点

概括 杨梅的特点、特性、文化和价值

学会 酿制杨梅酒,品味酒文化

探索 杨梅的化学防腐保鲜技术

实践 去除杨梅汁污渍

关键词

- 杨梅的生物学特性
- 杨梅的文化

艺术鉴赏

歌曲《杨梅红》

作词、曲:李明明

杨梅儿酸　杨梅儿甜
圆圆的杨梅酸又甜
杨梅儿大　杨梅儿红
圆圆的杨梅大又红
梅乡的水酿出梅乡的酒
梅乡的酒献给四海友
梅乡的人叙述梅乡的情
梅乡的情常怀你我心
最爱家乡杨梅红
缕缕乡情牵挂在心头
最爱家乡杨梅酒
解了你我内心许多愁
最爱家乡杨梅红
缕缕乡情牵挂在心头
献给家乡歌一首
唱尽家乡风情千万种

"五月杨梅已满林,初疑一颗价千金。味胜河朔葡萄重,色比泸南荔子深。"洞庭山的杨梅,被苏东坡等历代文人墨客所盛赞。人们对杨梅的喜爱程度,远远超出诗词中的赞美。每逢漫山遍野杨梅飘红的季节,扶老携幼上山采摘杨梅,家家户户自酿杨梅酒……杨梅已经成了洞庭东西山人的一种情结,伴随着千百年历史沉淀在日常生活中。吃着刚刚采摘的杨梅,汁水满溢,酸酸甜甜,味蕾得到了极大的满足。你是否已感到口中生津了?

一 洞庭山杨梅介绍

明代名臣、大才子王鏊曾言,"杨梅为吴中佳品,味不减闽之荔枝"。杨梅是洞庭东山特产水果之一,清代《花镜》也称杨梅为"吴越佳果"。

1. 种植情况:杨梅在洞庭山呈半野生状态,百年以上的老树很多。从植被来看,当地山野从前有葱郁的树林,杨梅就是其中主要树种之一。树林受人为破坏时,杨梅因其美味,果树被保留了下来。这是洞庭山常见果树中比较特殊的情况。除了少数几处石灰岩石丘外,杨梅在洞庭山到处都有分布,栽种面积为 3 089 亩,居洞庭山果树第一,产量也是首屈一指。杨梅的垂直分布与枇杷相仿而往往更高些,大多分布在山腰以上。

2. 品种情况:洞庭山杨梅的品种约计 15 个,以东山的小叶西蒂、大叶西蒂和西山的乌梅最为著名。其中大叶细蒂,树势强健,叶大而厚,果中大,重约 13 g,色呈紫红或紫黑色,肉质细而多汁,甜酸可口,品质优良。白杨梅是杨梅中的稀有品种,颜色从粉红到乳白不等,而其中尤其以通体乳白的水晶杨梅最为稀有,相传在古

图 3-4-1　杨梅

图 3-4-2　白杨梅

代作为贡品。

二 杨梅的生物特性

1. 杨梅属小乔木或灌木植物,杨梅科,又称圣生梅、白蒂梅。杨梅具有很高的药用和食用价值,在中国华东和湖南、广东、广西、贵州等地区均有分布。该属有 50 多个品种,中国已知的有杨梅、白杨梅、毛杨梅、青杨梅和矮杨梅,经济栽培主要是杨梅。

2. 杨梅枝繁叶茂,树冠圆整,初夏又有红果累累,十分可爱,是园林绿化结合生产的优良树种。喜温暖湿润多云雾气候,不耐强光,不耐寒,生长在海拔 125~1 500 m 的山坡或山谷林中。以山地北向或东向、土层深厚、疏松肥沃、排水良好的酸性黄壤栽种为宜。

图 3-4-3　杨梅幼苗

图 3-4-4　杨梅树林

杨梅树皮灰色,老时纵向浅裂;树冠圆球形。小枝及芽无毛,皮孔通常少而不显著,幼嫩时仅覆有圆形而盾状着生的腺体。叶革质,无毛,生存至 2 年脱落,常密集于小枝上端部分。

3. 杨梅的花为单性的风媒花,雌雄异株。雄花序单生或丛生于叶腋,雄花有 4~6 根雄蕊和暗红色的花药。雌花序要小得多,每朵花有 2 个红色的丝状柱头。虽然一个雌花序上有不少花,但通常只有上端一朵花能发育成果实。

图 3-4-5　雄性花序

图 3-4-6　雌性花序

4. 杨梅果实为核果球状,外表面具乳头状凸起,径 1~1.5 cm,栽培品种可达 3 cm 左右。外果皮肉质多汁液,味酸甜,成熟时深红色或紫红色。核常为阔椭圆形或圆卵形,略成压扁状,长 1~

艺术鉴赏

自古以来,人们对于杨梅的喜爱,甚至超越了荔枝。人们常常把这两种水果相比较。

南朝文学家江淹有四言诗《杨梅颂》,写到杨梅"宝跨荔枝,芳轶木兰"。

自宋代诗人苏轼曾有名句"日啖荔枝三百颗,不辞长作岭南人。"后来被贬惠州后,回忆早年的江浙美食,感慨道:"闽广荔枝、西凉葡萄,未若吴越杨梅。"

宋代余尊舒写杨梅的时候,还引用了杨贵妃和荔枝的典故,说:"若使太真知此味,荔枝应不到长安。"

你品尝过杨梅的鲜美吗?你知道哪些有关杨梅的美文和诗画作品?一起来欣赏和分享一下。

图 3-4-7　杨梅制品

图 3-4-8　杨梅烧肉

1.5 cm，宽 1~1.2 cm，内果皮极硬，木质。4月开花，6~7月果实成熟。

三　杨梅的价值

1. 营养价值：杨梅素有"初疑一颗价千金"之美誉，在吴越一带，又有"杨梅赛荔枝"之说。杨梅果实色泽鲜艳，汁液多，甜酸适口，营养价值高。可直接食用，又可加工成杨梅干、酱、蜜饯等，还可酿酒。

2. 食疗价值：《本草纲目》记载，杨梅可止渴、和五脏、涤肠胃、除烦愦恶气。杨梅有生津止渴、健脾开胃之功效，多食不仅无伤脾胃，且有解毒祛寒之功效。杨梅有"果中玛瑙"之誉。它属于碱性食物，有助于平抑肝火，润肝脏，又助脾胃消化。它的果实、核、根、皮均可入药，性平、无毒。果核可治脚气，根可止血理气。树皮泡酒可治跌打损伤、红肿疼痛等。腹泻时，取杨梅熬浓汤喝下即可止泻，具有收敛作用。盛夏时节，用白酒浸泡杨梅，食之会顿觉气舒神爽，消暑解腻。

现代医学研究表明，杨梅含有较多枸橼酸，有利于祛除血管老化物质，增强毛细血管的通透性，利于心血管健康。它还含有维生素 C、维生素 B12、维生素 B17 以及果仁中的氰苷类、脂肪油等物质，对于防治癌症有一定的积极作用。

四　不负时光不负美

一年又一年，杨梅红了，田野绿了，如同田园永恒的交响。杨梅有它的青春感，一年之中，能尝到它的时间，只有那么二十几天，一旦过了时候，就难觅芳踪。颜色从酒红到紫红再到黑紫，生命流逝的速度之快，好比诗句"明媚鲜妍能几时，一朝漂泊难寻觅"，给人以时光飞逝的真切感受。

心远地自偏，走进洞庭山，你会发现，生活赐予你的美，有时候，就是一颗冰镇杨梅。

知识链接

杨梅酒，是由杨梅、白酒和冰糖按一定比例制作而成的。味香甜，含葡萄糖、果糖、柠檬酸、苹果酸及多种维生素。早在元朝末期，古人就知道配制杨梅酒。杨梅酒口感独特，香味浓郁，口味香醇。以预防中暑和解除轻度暑热为主，不适于肝风内动等症。杨梅酒可以平衡酸碱、和谐养生。杨梅果酒经人体代谢分解钾、钙、镁、钠等阳离子含量较高的强碱性食品，能有效平衡主食（如肉类食品、米饭、面包等）内含有的氮、氯、硫、磷等酸性物质，达到酸碱平衡，益于抑制人体内癌细胞的生长，提高身体素质。

创客空间

制作杨梅酒　品味酒文化

材料用具：

汁多核小、新鲜成熟的杨梅，塑料桶。

方法步骤：

1. 将杨梅清洗后放入桶内捣烂，用纱布绞汁。
2. 加热：将果汁倒入铝锅中加热至 70~75 ℃（不能用铁锅），经 15 分钟滤出固体杂质。

创客空间

3. 发酵：待果汁冷却后用虹吸管吸出上面澄清液，转入桶中发酵（发酵前全部用具需消毒灭菌，即用硫磺燃烧熏8～10小时），每100 kg果汁加酒曲1～1.5 kg，搅拌均匀盖好缸盖，保持室温在25～28℃，经3～4天酒度可达5～6度。

4. 加料：将发酵好的杨梅酒用虹吸管吸入另外的桶中，根据发酵后的杨梅酒度数，加入60～65度的白酒，使杨梅酒度数达20度，再加入10%～12%的蔗糖，搅匀后盖好。

5. 贮藏：在10～15℃温度下贮藏两个月后，再换桶一次。

6. 装瓶：用纱布过滤后，装瓶。

7. 杀菌：将杨梅酒连瓶在70℃以上的热水中消毒10分钟，即可食用。

设计与展示：
图文展示杨梅酒的制作过程，阐述酿酒的原理，并介绍自制的杨梅酒与酒文化。

水泽洞庭蕴天宝。太湖洞庭地区以其得天独厚的区域优势，景色旖旎，风物繁茂，也是天然的生物基因库。亿万年的风雨吹拂中，洞庭东山和西山如同两颗璀璨的明珠，在万顷碧波的太湖中闪耀古今。让我们相约行动，一起发现宝物、守护宝物、永续宝物，一起守望"美丽洞庭"。

图 3-4-9　齐白石《洞庭君山》

一、技能训练

尝试杨梅的化学防腐保鲜

杨梅味道鲜美、营养丰富,可是它的保鲜和贮存一直以来困扰着果农,今天你来尝试一下杨梅的保鲜方法吧!另外,你还什么好的建议吗?

(1)材料用具:

新鲜杨梅、山梨酸钾、苯甲酸钠、蔗糖酯、尼泊金乙酯、有孔透明塑料瓶。

(2)方法步骤:

① 分别配制 0.5%山梨酸钾、0.5%苯甲酸钠、2%蔗糖酯、0.5%尼泊金乙酯的喷洒溶液。

② 下午3时开始分别在四个瓶内装入 0.5 kg 杨梅,果面分别喷洒四种食品防腐剂,喷时尽量均匀,直至滴水为度。

③ 在 24 小时、48 小时、64 小时时分别记录实验结果。

	食品防腐剂				自然存放的杨梅
	0.5%山梨酸钾	0.5%苯甲酸钠	2%蔗糖酯	0.5%尼泊金乙酯	
24 小时结果					
48 小时结果					
64 小时结果					

(3)分析并解释结果:

从食品安全的角度考虑如何做好杨梅的保鲜,你有好的建议吗?

二、思维拓展

巧除杨梅汁污渍

(1)活动目的:

研究布料被杨梅汁染上后的洗涤方法并分析原因。

(2)材料用具:

杨梅汁、洗衣粉、肥皂、漂白粉、抗生素(罗红霉素)、细棉布料 4 块、尼龙布料 4 块、脸盆、镊子、放大镜等。

(3)实验过程:

杨梅汁染色(半天)→分别加入洗涤剂并浸置(1 小时)→搓洗,观察结果。

(4)结果记录:

洗涤剂	肥皂	洗衣粉	漂白粉	抗生素(罗红霉素)
细棉布料				
涤纶布料				

分析实验结果,并形成实验报告。

一、概念理解

1. 如图表示洞庭山地区某一生态系统能量流动情况（单位：kJ），下列有关叙述正确的是（　　）。

    A. 甲固定的太阳能等于乙、丙的能量之和
    B. 第二营养级到第三营养级的能量传递效率为 15%
    C. 甲的个体数量一定多于乙的个体数量
    D. 乙具有的能量越多，则丙获得的能量越少

    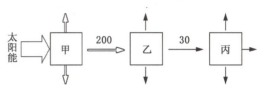

2. 如图所示是 2011 年"水是生命"国际大学生海报比赛的金奖作品。全幅作品呈沙漠的颜色，图幅上端有一浅滩水域，周围围满了各种生物：袋鼠、麋鹿、鹤……乃至人类。对于这幅作品的分析，下列叙述错误的是（　　）。

    A. 作品的创意是曾让人类引以为豪的地球，却再也没有第二个绿洲
    B. 画面的震动感，在于一种大和谐中隐藏的尖锐的残酷
    C. 从生态系统的成分分析，上述生物都是生产者
    D. 作品中蕴含了光的反射等科学原理

二、科学思维

1. 请你调查洞庭山地区某一果园的害虫的种类和数量，思考如何利用生物防治的方法来控制果园害虫种群密度，并自己的语言来阐述。
2. 结合"桑基鱼塘"等生态农业的知识，你认为如何改进果园生态系统，使物质和能量得到充分的利用？

三、创客空间

活动：尝试构建"美丽洞庭"生态环境设计与建模

活动目的：

运用生态环境保护的有关概念，设计并建造"美丽洞庭"生态环境的沙盘，并阐述此设计方案的思路和创新点。

材料用具：

创客空间工作室、照相机、硬纸板、泡沫板、麻绳、海绵、双面胶、超轻黏土、动物模型、打印机、木片等。

方法步骤：

（1）实地考察洞庭山地区生态环境，记录并拍摄有关因素的相关数据。
（2）设计"美丽洞庭"生态环境方案并建沙盘模型。生态环境区域自主选择。

展示交流：

展示沙盘模型，说明本方案中"美丽洞庭"的设计思路，以及对生态环境改善和保护的创新点。

第 4 章 水乡·水产·水韵
——从"太湖三白"到"长江三宝"

内容提要

* 苏州水乡特色水产品种类
* 苏州水乡特色水产品的形态、生理特点
* 苏州特色水产品对地方旅游文化产生的影响
* 水韵——特色食文化

本章学习意义

你曾经品尝过"长江三鲜""太湖三白"等美味吗?你想了解这些水产品的形态结构、生理特点和生活习性吗?你了解与"长江三宝""太湖三白"相关的饮食文化吗?为什么长江里刀鱼、鲥鱼产量越来越低,该如何合理捕捞,让渔业资源可持续发展呢?

长江,发源于"世界屋脊"——青藏高原的唐古拉山脉,干流流经青海、江苏等11个省、自治区、直辖市,全长约6 300千米。杜甫在《登高》中写道:"无边落木萧萧下,不尽长江滚滚来。"这正是对长江壮丽雄伟景象的绝佳描写。江苏以下江段又称扬子江。江阴以下河段江面逐步开阔,向入海口呈喇叭形状展开。由于江面宽阔,坡度平缓,江流海潮交会,因此有很多特有的水生动植物,如白鳍豚、扬子鳄等。被称为"长江三鲜"的刀鱼、鲥鱼和河鲀,就生活在江苏段的长江中。苏州市的张家港、太仓等地的渔民,常常会在春季捕捞河鲀、刀鱼和鲥鱼,其美味自六朝以来就备受士大夫阶层和文人墨客的极力推崇和追捧。

太湖,是长江和钱塘江下游泥沙淤塞了古海湾而成的湖泊。这里气候温和,冬无严寒、夏无酷暑。相传是王母娘娘的梳妆镜掉落凡间所成,因此非常有灵性。"江南四大才子"之一文徵明诗曰:"天远洪涛翻日月,春寒泽国隐鱼龙。"《太湖美》中唱道:"水边芦苇青,水底鱼虾肥。"自古素有"太湖八百里,鱼虾捕不尽"的说法。太湖水产丰富,有"天然活鱼库"之美称,在清澈的碧波下有那闻名遐迩的"太湖三白"——银鱼、白鱼、白虾,因其色泽均为白色而得名。

打开本章,定可以让你更好地领略"蒌蒿满地芦芽短,正是河豚欲上时"的江南韵味。

第 1 节 水乡水产初印象
——认识地方特色水产品

苏州，古称吴，简称为苏，又称姑苏、平江等，是国家历史文化名城和风景旅游城市，长江三角洲重要的中心城市之一。东临上海，南接嘉兴，西抱太湖，北依长江。苏州属亚热带季风海洋性气候，四季分明，雨量充沛。苏州古城境内河港交错，湖荡密布，最著名的湖泊有位于西隅的太湖和漕湖；东有淀山湖、澄湖；北有昆承湖；中有阳澄湖、金鸡湖、独墅湖；长江及京杭运河贯穿市区之北。太湖水量北泄入江和东进淀泖后，经黄浦江入江；运河水由西入望亭，南出盛泽；原出海的"三江"，今由黄浦江东泄入江，由此形成苏州市的三大水系。由于苏州城内河道纵横，又称为水都、水城、水乡。苏州特有的水道环境，孕育了其富有特色的江南水产，包括太湖白鱼、白虾、银鱼；长江刀鱼、河鲀、鲥鱼；阳澄湖大闸蟹等。

学习目标

了解 苏州地方水产品的分类

概括 苏州地方水产品的形态及生理特征

尝试 对中华绒螯蟹进行科学的观察

关键词

- 苏州地方水产品生物特性
- 苏州地方水产品现状

一 水产初印象

"君到姑苏见，人家尽枕河。古宫闲地少，水港小桥多。夜市卖菱藕，春船载绮罗。遥知未眠月，乡思在渔歌。"这是唐代诗人杜荀鹤在其《送人游吴》诗中对苏州的经典描绘。

小桥流水人家，也是千百年来人们对苏州的认知和向往。苏州得天独厚的地理位置与四季分明的气候，孕育了苏州丰富的特色物产，尤其是水产，享誉中外。其中尤以"太湖三白"——白鱼、白虾、银鱼，"长江三宝"——鲥鱼、河鲀、刀鱼，以及阳澄湖大闸蟹为首。

❀ "太湖三白"

吴郡太湖产名食，以太湖银鱼、白鱼、白虾三味湖鲜之形冠名，故曰："太湖三白"，此说约定俗成，年代久远。

"一白"太湖银鱼（见图 4-1-1），分类上属于银鱼科银鱼属，为一种半透明鱼类，体细长，似鲑，无鳞或具细鳞，很少长于 15 cm。体长略圆，形如玉簪，似无骨无肠，细嫩透明，色泽似银，故称银鱼。银鱼肉质细嫩，营养丰富，可烹制各种佳肴，深受国内外消费者的喜爱。

"二白"太湖白鱼（见图 4-1-2），学名翘嘴红鲌，又称翘白、白条等。分类上隶属鲤科白鱼属，为中上层大型广温性淡水经济鱼类，亦称"鲦"，因头尾俱向上而得名，体狭长侧扁，细骨细鳞，银

图 4-1-1 太湖美景与太湖银鱼

知识链接

春秋时期，太湖就盛产银鱼，宋代诗人张先"春后银鱼霜下鲈"的名句，把银鱼与鲈鱼并列为鱼中珍品。清康熙年间，银鱼就被列为"贡品"。银鱼原为海鱼，后定居在太湖繁衍，是太湖名贵特产。

图 4-1-2 太湖白鱼

知识链接

古书曾有记载"白鱼出太湖者胜，民得采之，隋时入贡洛阳"，当时白鱼已作为贡品上贡皇庭。白鱼大多在太湖敞水域中生长，以小鱼虾为食，是太湖自繁殖鱼类，一年四季均可捕获，在六、七月生殖产卵期捕捞产量最高。《吴郡志》有相关记载："吴人以芒种日谓之入梅，梅后十五日谓之入时。白鱼至是盛出。谓之时里白。"

知识链接

清《太湖备考》上有"太湖白虾甲天下，熟时色仍洁白"的记载。白虾壳薄、肉嫩、味鲜美，是人民喜爱的水产品。白虾头有须，胸有爪，两眼突出，尾成叉形。其食性是以植物碎片、有机残渣和弱小无脊椎浮游生物为主要食料。生长期一般为一年左右。白虾没有专门汛期，每年五月到七月中下旬，是白虾产卵旺季，也是捕捞旺季，此时的虾腹中虾籽饱满，渔民称"蚕子虾"。

光闪烁，是食肉性经济鱼类之一。目前尚未养殖，主要依靠天然捕捞。白鱼肉质细嫩，鳞下脂肪多，酷似鲥鱼，是太湖名贵鱼类。目前，对白鱼资源进行保护，繁殖期禁止捕捉，以使之长盛不衰。

技能训练

回忆曾经品尝过的苏州特色水产品

活动目的：

1. 尝试将学习的知识与生活实际联系在一起。
2. 锻炼组织语言与勇于向同伴表达的能力。

图 4-1-3 太湖白虾

"三白"太湖白虾（见图4-1-3），又名秀丽白虾，分类上属于十足目长臂虾科白虾属。因甲壳较薄、色素细胞少，平时身体透明，略见棕色斑纹，死后肌肉呈白色，故名。秀丽白虾是太湖主要的经济虾类，每年产量占太湖虾类产量50%以上，它的分布遍及全湖，有两种生态群，一种生活在开敞水域，称为"湖白虾"，这种生态群的个体较大，有一定的集群性；另一种分布在沿湖岸一带，常和日本沼虾混杂在一起，称之为"蚕白虾"，个体较小。

探究·实践

制作苏州特色水产品物种卡片

活动目的：

用科学的方法对苏州特色生物进行分类，提高认识事物的科学思维能力。

活动步骤：

1. 利用网络和图书馆相关资料，查阅苏州特色水产品的学名、分类、亲属关系、形态结构、特征等知识。
2. 设计合理的动物分类学卡片格式。
3. 制作一份特色水产分类小卡片（参考下页"刀鱼分类小卡片"）。
4. 把所有组员的分类卡片利用"MAKA" APP制作成视频文件，并分享推广。推选最有特色和创意的制作。

"长江三宝"

要品尝到江鲜之精华，非"长江三宝"莫属，即鲥鱼、河鲀、刀鱼。

"一宝"长江鲥鱼（见图4-1-4），分类上属于鲱科鲥属。鲥鱼体扁而长，色白如银，肉质鲜嫩，为溯河产卵的洄游性鱼类，因每年固定初夏时节入江，其他时间不出现，因此得名。产于中国长江下游，素誉为"江南水中珍品"，古为纳贡之物，为中国珍稀名贵经济鱼类。由于鲥鱼鳞下富含脂肪，故烹调加工时不去鳞，带鳞清蒸，保持真味，以增加鱼体的清香。鲥鱼营养价值极高，体内含有蛋白质、脂肪、铁质、钙、磷、核黄素等多种营养成分。

"二宝"刀鱼（见图4-1-5），鳀科鲚属，又称刀鲚、毛鲚，是一种洄游鱼类。刀鱼从头部向尾部逐渐变细，腹部圆润，上颌长，超过胸鳍基部，体长可达26 cm，体长，身侧扁，向后渐细尖呈镰刀状，故而得名。刀鱼平时生活在海里，每年二、三月份由海入江，并溯江而上进行生殖洄游。产卵群体沿长江进入湖泊、支流或在长江干流进行产卵活动。由于长江污染加剧以及滥捕滥捞，刀鱼产量逐年下降。

图4-1-4　长江鲥鱼

图4-1-5　长江刀鱼

知识链接

刀鱼分类小卡片

中文学名	长颌鲚，刀鱼
别　称	刀鲚、刀鱼、苦初鱼、凤尾鱼、毛鱼
界	动物界
门	脊索动物门
纲	硬骨鱼纲
目	鲱形目
科	鳀科
族	鱼类
属	鲚属
分布区域	分布于西北太平洋海域的中国、日本、朝鲜半岛等

探究·实践

模拟制作河鲀模型

活动目的：

通过模拟制作河鲀模型，测量河鲀密度，估算河鲀充气前后的密度变化，掌握相应测量技能和模拟探究的方法，理解鱼类在水中调节不同停留水层的原理。

活动过程：

1. 取一条河鲀，尝试测量它的质量密度。
2. 尝试寻找相似密度的材料，模拟制作一条河鲀模型，并绘制其表面花纹等结构。
3. 把制作的模拟鱼放入水中，观察其在水中的状态。
4. 在模拟鱼的腹部贴一个气球，并往气球中吹入适量气体，束紧气球，将模拟鱼放入水中，观察其在水中的状态。

知识链接

刀鱼一般体长18～25 cm、体重10～20 g。体侧两边被大而薄的圆鳞，腹具棱鳞，无侧线。背鳍、臀鳍各1个，臀鳍长直至尾尖与尾鳍相连，尾鳍小而成尖刀形。头及背部浅蓝色，体侧微黄色，腹部灰白色。各鳍基部均呈米黄色，尾鳍边缘黑色。

刀鱼体形狭长侧薄，颇似尖刀，银白色，肉质细嫩，但多细毛状骨刺。肉味鲜美，肥而不腻，兼有微香。清明节后，刀鱼肉质变老，俗称"老刀"。

"三宝"河鲀（见图4-1-6）为硬骨鱼纲鲀科鱼类的统称，俗称河豚。（注：河豚的叫法存在错误，但被广泛使用，豚也可以指一种淡水哺乳动物。）自古以来中国食用的河鲀皆生息于河中，因捕获出水时发出类似猪叫的唧唧声而得名"河豚"。河鲀体呈圆筒形，有气囊，遇到危险时会吸气膨胀，一般体长在25～35 cm。

知识链接

测量密度

密度是指某种物质的质量与体积的比值,用符号 P 表示。计算公式为:

$$P=M/V$$

M 为物体的质量,V 为物体的体积。水的密度为:$1\ g/cm^3$。大于水的密度,物体下沉;小于水的密度,物体浮在水面上。

图 4-1-6 河鲀

河鲀含有剧毒的河鲀毒素,河鲀的毒素主要分布于其卵巢和肝脏,其次是肾脏、血液、眼睛、鳃和皮肤,而精巢和肌肉是无毒的。所以食用时务必确保去除内脏。然而毒素也挡不住人们对美食的追求。

仔细观察白鱼、河鲀、银鱼、刀鱼、鲥鱼等体形,联系生活实际,你会发现大多数鱼的体形是梭状纺锤形。中国古代劳动人民对水生动物——鱼类的模仿也卓有成效。通过对水中生活的鱼类的模仿,古人伐木凿船,用木材做成鱼形的船体,仿照鱼的胸鳍和尾鳍制成双桨和单橹,由此取得水上运输的自由。后来随制作水平提高而出现的龙船,多少受到了不少动物外形的影响。1800 年左右,英国科学家、空气动力学创始人之一的凯利,模仿鳟鱼和山鹬的纺锤形,发现了阻力小的流线形结构。目前发现的最有效的流线形轮廓形状是梭状纺锤形,其特点是鱼体类似泪珠状,身体的前端是圆形的前沿,然后延伸到最大厚度处,最后缓慢地过渡到尖细的尾鳍。

知识链接

谜语大家猜

活动目的:

采用编写谜语的方式,尝试将苏州特色水产品的主要特点言简意赅地表达出来。

活动步骤:

1. 尝试用三四句话来概括每种苏州特色水产品的主要形态结构和生理特征。
2. 上网查阅或者自己原创,为每种物种编制一首谜语,并将其用较粗的油性笔写在卡纸上。
3. 相互猜猜看,看谁猜出的谜语最多,谁的谜语编写得最生动简洁。

技能训练

测量细长比

尝试去超市或者菜场,测量 7~8 种鱼的细长比。注意挑选的种类需兼顾淡水鱼和海洋鱼,体形大小具备一定的梯度。尝试自行设计表格,记录几种鱼类的细长比以及体长、体宽、厚度等数值,并进行对比。尝试分析鱼类细长比对于其水生生活的意义。

探究·实践

制作一个模型并探究其在水中运动时受到的阻力

尝试制作一个立体模型,运用流体力学原理,模拟测试各种体形的鱼类在水中游泳时的阻力大小。(参考图 4-1-7)

1. 外侧长方形轮廓模拟直径 20 cm 透明圆柱状水管。

谜面:

从头到脚硬盔甲,
走起路来横着走。
张牙舞爪八只脚,
两把剪刀真吓人。

(打一动物)

探究·实践

2. 水流不断由下往上流动。
3. 管中有固定立体模型的点位。

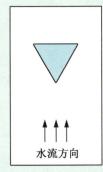 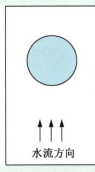 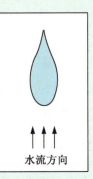

图 4-1-7　利用流体力学模拟测试各种体形的鱼类在水中阻力

知识链接

评价鱼类纺锤形流线外形有几个重要的指标：

1. 细长比是一个表示流线型程度的指标，其定义为

$$FR=BL/T$$

其中 BL 为体长，T 为最大厚度处。研究表明，细长比 FR 为 4.5 时的流线形形体具有最小的阻力和表面积，同时具有最大的体积，并且能够减少 75% 的阻力系数。

2. 肩宽位骆定义为从前缘到最大厚度处占总体长的百分比。鱼类肩宽位骆越向后，流体可以流过身体的绝大部分，因为胸鳍所在的最大厚度处可能产生层流和紊流的分离，导致游动速度变得更快。

"太湖三白""长江三宝"都是苏州所特有的水产品，它们给予我们宝贵的渔业资源，也为我们带来很多智慧的启示。如果我们能投身科研，用好科学这把利剑，致力于刀鱼繁殖饲养等技术的开发，保持物种的稳定性。从长远角度来看，将更有利于淡水渔业资源的保护和合理开发，实现可持续性发展。

二　你有多懂我——苏州特色水产品形态结构与生理特性

"太湖三白"和"长江三宝"，都是人们非常喜爱的食物，从生物分类学上来看，它们有着不同的分类地位和各不相同的形态结构特征。例如，刀鱼、河鲀、鲥鱼、白鱼、银鱼属于脊索动物门；白虾和阳澄湖大闸蟹属于节肢动物门。以阳澄湖大闸蟹为例，深入研究其结构特征和生理特性。

图 4-1-8　中华绒螯蟹雌性（左）与雄性（右）腹部

艺术鉴赏

宋代诗人王之道在《南乡子》"春霁柳花垂。娇软轻狂不待吹。圆欲成球还复碎，谁为。习习和风即旧知。深院日长时。乱扑珠帘入坐飞。试问荻芽生也未，偏宜。出网河鲀美更肥。"描述了河鲀的美味，而苏轼的《惠崇春江晚景》"竹外桃花三两枝，春江水暖鸭先知。蒌蒿满地芦芽短，正是河豚欲上时。"更是超越了简单的美食追求，上升为美好的食物赋予生活朝气与活力的代表，足见人们对于河鲀这种美食的热爱。

技能训练

观察中华绒螯蟹

活动目的：
1. 观察中华绒螯蟹的外部形态，认识其身体各部分的名称。
2. 观察中华绒螯蟹的运动情况。

知识链接

中华绒螯蟹（见图4-1-9）是一种经济蟹类，又称河蟹、毛蟹、清水蟹、大闸蟹。为中国久负盛名的美食。其螯足用于取食和抗敌，掌部内外缘密生绒毛，绒螯蟹因此而得名。杂食性动物，鱼、虾、螺、蚌、蚯蚓、昆虫及其幼虫等均可作为大闸蟹的动物性饵料。

中华绒螯蟹头胸甲呈圆方形，后半部宽于前半部。背面隆起，额及肝区凹陷，胃区前面有6个对称的突起，各具颗粒。

技能训练

3. 理解中华绒螯蟹的结构与功能。

材料用具：

中华绒螯蟹、镊子、解剖剪、塑料盆、自来水等。

活动过程：

1. 观察中华绒螯蟹的身体。其身体分为头胸部和腹部，头胸甲特别发达，略呈圆形或椭圆形，其前缘和两侧各有4个小齿，通称"蟹兜"。颚足组成口器，第1对步足较大，呈钳状，其上长有绒毛；其余步足扁平，末端呈爪状。眼柄和触角生于额的两端，额剑退化。
2. 观察中华绒螯蟹的腹部。其腹部较退化，扁平成片状向前折曲在其发达的头胸部之下，通称"蟹脐"。雌蟹的腹部呈圆形，雄蟹的腹部则略呈三角形，肛门开口于腹部末端。腹肢较退化，藏在脐内侧，雌性共4对，第一对已退化；雄性只有前2对，且已特化为交接器。

知识链接

溶解在水中的分子态氧称为溶解氧，水中的溶解氧的含量与空气中氧的分压、水的温度都有密切关系。在自然情况下，空气中的含氧量变动不大，故水温是主要的因素，水温愈低，水中溶解氧的含量愈高。通常记作DO，用每升水里氧气的毫克数表示。

在20 ℃、100 kPa下，纯水里大约溶解氧9 mg/L。有些有机化合物在喜氧菌作用下发生生物降解，要消耗水里的溶解氧，溶解氧得不到及时补充，水体中的厌氧菌就会很快繁殖，有机物因腐败而使水体变黑、发臭。

溶解氧值是研究水自净能力的一种依据。水里的溶解氧被消耗，要恢复到初始状态，所需时间短，说明该水体的自净能力强，或者说水体污染不严重。否则说明水体污染严重，自净能力弱，甚至失去自净能力。

图4-1-9 中华绒螯蟹

无论是"太湖三白"还是"长江三宝"，它们对于生存环境都有着苛刻的要求，例如"太湖三白"中的银鱼，由于它的生存对氧气要求较高，且要求生存环境水体面积大，所以有"出水即死"的说法。

我们同学虽然不是专业的鱼类资源学家，也没有亲自养殖和捕捞苏州特色水产的经历，但是也可以通过一些小型的模拟实验，来探究特色水产所适应的环境条件。

探究·实践

模拟制作太湖生态系统

活动目的：

1. 通过模拟制作太湖生态系统，了解生态系统各组成成分及其相互关系。
2. 理解生态系统是个有机整体。
3. 通过制作模拟生态系统，深刻认同保护太湖原始水域生态系统的紧迫性和重要性。

材料用具：

水族箱（80×60×40 cm）、水草、白虾苗、幼白鱼苗、水草底泥、

第 4 章 水乡·水产·水韵
——从"太湖三白"到"长江三宝"

探究·实践

光源、太湖水、长效底肥等。

活动过程：

1. 模拟制作太湖生态系统需要比较好的搭配，水草、生物、硝化菌要达到一个平衡点。我们只能控制保持一个比较稳定的生态系统，减少平时对整个模拟生态系统的人为干预。
2. 建议选择比较好的水草底泥，铺设 1~2 cm 厚。
3. 建议先选些入门级的水草，比如前景草：矮珍珠、迷你牛毛、南美叉柱花；中景草：水榕、椒草、皇冠、水兰、圆叶；后景草：宫廷、宝塔、百叶、水芹等。水草密植度在 50%~75% 左右，这样比较容易控制藻类，同时能为小鱼虾提供足够的躲避空间，也能通过光合作用保持适合水体的溶解氧浓度。注意在整个模拟生态系统运行过程中，每天三次监控水体溶解氧浓度。
4. 放入几尾白虾和白鱼幼苗。注意量一定不能多，以避免因有机质、氧气、生存空间的不足而大量死亡。鱼的数量，控制在每 1 cm 鱼占 1 L 水。
5. 水正常控制在 pH6~6.5，这样较好。水温控制在 23~27℃左右。灯光大概为 1L 水配 0.6~1 W 灯光。

尽管近年来政府和地方企事业单位保护环境的意识越来越强，力度也越来越大，但是苏州本地的生态系统随着工业化的不断推进和深入，还是面临着很多问题，这些问题都影响着本地特色物种的生存。因此，为了更好地保护以"太湖三白""长江三宝"为代表的本地特色水产品，用科学的技术手段探究本地特色水产品的生存环境，寻求保护他们的更好的技术支撑，显得尤为重要。

艺术鉴赏

太湖美

作词：任红举
作曲：龙飞

太湖美呀太湖美，美就美在太湖水。
水上有白帆哪，啊水下有红菱哪。
啊水边芦苇青，水底鱼虾肥。
湖水织出灌溉网，稻香果香绕湖飞。
哎咳唷，太湖美呀太湖美。
太湖美呀太湖美，美就美在太湖水。
红旗映绿波哪，啊春风湖面吹哪。
啊水是丰收酒，湖是碧玉杯。
装满深情盛满爱，捧给祖国报春晖。
哎咳唷，太湖美呀太湖美，太湖美。

谜底：

螃蟹

一、概念理解

1. 以下不属于"太湖三白"的是（　　）。
   A. 白虾　　　　　B. 白鱼　　　　　C. 银鱼　　　　　D. 鲫鱼

2. 太湖白虾因何而得名（　　）。
   A. 为了凑"太湖三白"的名号
   B. 虾肉是白色的
   C. 成群在太湖中，使波浪呈现白色
   D. 生时通体透明、晶莹如玉，死后变白色，因此得名

二、科学思维

1. 中华绒螯蟹与以下动物亲缘关系最近的是（　　）。
   A. 太湖白虾　　　B. 太湖白鱼　　　C. 太湖银鱼　　　D. 长江鲫鱼

2. 尝试自己组织语言说明中华绒螯蟹与白虾在结构上有哪些相似之处。

三、技能训练

苏州水产品现状调查

　　在历史上，苏州的水产品深受人们的欢迎。然而，由于环境污染，野生的水产品质量和数量都急剧下降。随着科技发展和养殖技术的进步，最近安全高质的水产品渐渐又端上了寻常百姓的餐桌。请以小组的形式，选择一种苏州特色水产品，调查其野生种群生活状态或者养殖状态。

小贴士：调查过程中注意些什么呢？

（1）可以走访养殖户、渔民、当地基层政府机构、动物保护组织、野生动物观测机构获得第一手的数据和资料。

（2）实地观测和走访野生动物时，务必保证自身安全，并保护野生动物的栖息环境。

（3）不要采摘植物和伤害动物。

（4）边调查边记录，细心观测，收集所能获得的动物的行踪，注意使用电子设备和纸笔记录动物们的真实状态，以便后期研究的反复观察。

（5）根据调查结果撰写一份简单的调查报告。

第 2 节 水乡水产水韵深
——地方文化的力量

苏帮菜历史悠久，至今已发展成为特色鲜明的地方菜系。而这些从湖鲜、江鲜衍生的饮食文化，正是由苏州河道纵横、湖泊交织的水韵文化所催生。

据说苏州古城建城就和"太湖炙鱼"（即苏式熏鱼）有关，然而姑苏美食从"炙鱼"始不是偶然的。苏州自古"擅三江五湖之利"。"三江既入，震泽底定"。三万六千顷的太湖（即震泽）及其邻近水域，为苏州提供了极其丰富的美食资源，尤其是鱼类资源。史载专诸"炙鱼"即学自太湖。阖闾"治鱼为脍"劳师，"吴人作脍者自阖闾之造也"。苏州"炙鱼"和"鱼脍"为美味久矣。"鱼鲊"也是古吴的美味。晋时，苏州人陆机饷中书令张华以"鱼鲊"，如今苏州众多的鱼类菜肴中，无不可以找到古"炙鱼""鱼脍""鱼鲊"的影子。

一 水韵——苏州特色水产品食文化

苏式食品是我国传统食品帮式中重要的一支，在我国食品发展史和世界饮食文化史上占有重要的地位。苏式食品与苏州丝绸、园林、工艺并列为苏州四大文化支柱。

苏式食品具有四大特色：

1. 讲究时令时鲜。苏州四季分明，季季物产不同，传统饮食素来因时制宜，即使是家常便饭亦很讲究春尝头鲜、夏吃清淡、秋品风味、冬讲滋补。

2. 讲究选料做工。苏州传统饮食以"生活鲜嫩""宁缺不代"为选料原则，鸡鸭鱼肉选用讲究部位，如青鱼一条要满四五斤重。制作讲究刀工、火工、做工，精工细作，为苏式食品的风味特色。

3. 讲究色香味形。色泽美、香味美、味道美、造型美四者融为一体，这是苏式食品传统风格。利用食物的天然色素，点缀食品菜肴，利用花卉的自然芬芳，增进诱人的食欲。尤其是名菜"松鼠鳜鱼""孔雀虾蟹"等，更是匠心独运，将绘画、雕塑的艺术手段运用于食品制作之中，令人叹为观止。

4. 讲究花色品种。苏式食品繁花似锦，品种翻新层出不穷，同样一条鱼，可红烧、白烧、清炖、白笃，也可烹调成冷盆菜，又可制作一道汤，鱼头、鱼尾、鱼身各部分可制作种种菜肴。

学习目标

了解 苏州特色水产品食文化

阐述 苏州特色水产品对苏州地方文化和旅游吸引力产生的影响

概述 作为中学生如何传承与宣传苏州特色的物产文化

关键词

- 苏州特色水产食文化
- 传承与保护传统民俗与文化

目标阅读技能

体味、宣传、传承传统文化与艺术民俗。

图 4-2-1 虾籽鲞鱼

你最喜爱的一道苏帮菜是什么？	我喜欢……因为……
苏州的食文化与苏州的地方特色有什么联系	这是因为……

图 4-2-2　苏式食品

知识链接

相传，阖闾某次出海征战归来，思海中所食鱼，但是鱼已被司厨者曝干，吴王亦索食之，味甚美，"因书'美'下着'鱼'，是为'鲞'字"，这就是我国"鲞"（干鱼）的由来。

技能训练

制作苏式美食

活动目的：

通过亲手挑选食材，制作美食，体验苏式生活，体会苏州传统菜肴的制作方法，提高动手能力。

活动过程：

1. 尝试亲自去菜场买一些苏州特色水产品，注意向菜场的商家和买菜阿姨们讨教水产品挑选要则。
2. 亲手制作一道苏式美食。体会苏式慢生活的讲究与韵味。
3. 相互品尝并交流心得，评选最佳美食奖。

二　让世界懂你——苏州特色水产品的影响与宣传

姑苏历史源远流长，建城约 2 500 年以来，文化积淀十分深厚。在这块得天独厚而又美丽富饶的土地上，世世代代的苏州人在创造物质文明的同时，也创造了灿烂的吴地文化，并以其独树一帜的风格在华夏文化史上占有重要的位置。宋人美誉为"上有天堂，下有苏杭"；明清时期又成为"衣被天下"的全国经济文化中心之一；曹雪芹在《红楼梦》中誉称苏州"最是红尘中一二等富贵风流之地"。

第4章 水乡·水产·水韵
——从"太湖三白"到"长江三宝"

图4-2-3 苏州文化中的园林、丝绸、刺绣、核雕

创客空间

调查苏州鱼鲜食文化在苏州传统文化中的重要性,思考扩大苏州传统文化影响力的策略。

活动目的:

1. 了解苏州传统文化中鱼鲜食文化的重要性。
2. 了解苏州作为世界著名的旅游城市,苏州鱼鲜食文化在其中的影响力和吸引力。
3. 将苏州传统文化发扬光大,提升其影响力的策略。

方法步骤:

1. 班级讨论,将调查问题分成几个不同维度,每个维度尝试解决一个小问题。
2. 每个小组选取一个维度,进行讨论,针对该维度尝试解决的问题,细化成几个小问题,并通过前测设置好答案选项。
3. 汇总问题形成问卷,尽量扩散至各种不同的人群。
4. 收集并分析数据,尝试撰写小论文。

艺术鉴赏

饮食是文化的缩影,苏州小桥流水人家,气质婉约,菜色也同样呈现了这一风格。苏州菜注重原材料,苏州城内河流丰富,苏州人也喜食河鱼河虾。一桌满是苏州菜的宴席能带你阅尽江南春色:松鼠鳜鱼澄黄鲜翠、莼菜银鱼羹碧绿白玉……以莼菜银鱼羹为例,银鱼是"太湖三白"之一,体形娇小,全身无鳞无骨,吃起来略带弹性;莼菜也是太湖流域常见的水生植物,含有丰富的胶质蛋白,口感肥厚又丝滑。莼菜银鱼羹的制作方法,各家有微小差异,除了银鱼、莼菜必备,也可适当加入蛋清、火腿、豆腐等配料,调味以盐为主,辅以少量胡椒、香油和勾芡用的淀粉,但这些都不能喧宾夺主,说到底,莼菜银鱼羹吃的还是那一抹清鲜。可见苏城人们对于事物的态度,绝不仅仅是为了果腹与味蕾的刺激,追求的更是一种生活的艺术与悠然的态度。

知识链接

姑苏文化有丰富多彩的物化形态，体现在昆曲、苏剧、评弹、吴门画派等门类齐全的艺术形态，还体现在文化心理的成熟、文化氛围的浓重，等等。千百年来苏州人才辈出，在这里留下了丰厚的文化遗产。其丰厚性体现在古城名镇、园林胜迹、街坊民居以至丝绸、刺绣、工艺珍品，如满天繁星，闪烁生辉。文化底蕴的厚重深邃和文化内涵的丰富博大，是苏州成为中华文苑艺林渊薮之区的重要原因。

作为姑苏文化的组成之一，富有苏州特色的食文化也是其中耀眼的一颗明珠。

创客空间

宣传以苏州特色水产品为代表的苏州文化

活动目的：
1. 提升美学欣赏品味与提高海报设计能力。
2. 尝试提炼简短的宣传语来达到自己的宣传目的。
3. 在团队活动中尝试参与分工、合作。

活动过程：
1. 分成小组，每个小组尝试选取一个独特的视角，宣传特色水产品食文化、保护特色水产品资源、专题介绍某种特色水产品等。
2. 小组共同编写宣传语，展示海报，采用有创意的方式进行小组宣传，如录制视频或者制作相片集。

苏州的食文化得益于得天独厚的地理位置和气候条件。其中的江鲜湖鲜更是食文化最重要的和富有特色的食物主材和载体。想象一下，赋闲独钓，一壶花雕，一条清蒸鲥鱼，一碗莼菜银鱼羹，真是人间最好时节。也难怪这么多的文雅富学之士选择苏州作为退居所在，留下无数的私家园林于这座历史古城中。作为这座古城的新时代年轻人，更应当把我们引以为傲的苏式文化、姑苏美食、特色水产宣扬于世，让更多的人来享受，来体会，来品尝。

图 4-2-4　湖鲜一锅

一、概念理解

1. 苏式食品的特色是（　　）。
   A. 讲究时令时鲜　　　B. 讲究选料做工　　　C. 讲究色香味形　　　D. 讲究花色品种
2. 以下不是"姑苏美食从'炙鱼'始"的原因的是（　　）。
   A. 苏州河道纵横，湖泊众多
   B. 苏州自古"擅三江五湖之利"
   C. 三万六千顷的太湖及其邻近水域，为苏州提供了极其丰富的美食资源，尤其是鱼类资源
   D. "炙鱼"最好吃

二、科学思维

1. 用自己的话语简要说明苏州地方文化有哪些特色。
2. 说说怎样发扬以湖鲜江鲜为代表的苏州食文化的影响力，增强苏州以水为代表的地方底蕴。

三、社会实践

1. 在本节中，每个小组制作了海报，并亲手制作了美食。请同学们利用节假日，选择热门旅游景点，用多样化的方式，将活动成果展示给游人，宣传苏州特色的文化和物产。
2. 河鲀，是一种肉味极为鲜美的洄游性鱼类，栖息于水域的中下层，以摄食水生无脊椎动物为主，兼食浮游生物及植物叶片和丝状藻等，是偏肉食性的杂食性鱼类。被誉为"百鱼之王"和"鱼中极品"。但河鲀体内含有致命的剧毒，我国民间素有"搏死食河鲀"的说法。古时便有关于河鲀味美但有毒的记载，"河鲀有大毒，味虽珍美，修治失法，食之杀人"。请查阅相关资料，走访河鲀养殖户，调查目前河鲀养殖现状以及遇到的问题，依据查阅到的资料，通过多次实验，设计合理的水流速度、温度、盐度、氧浓度等条件，尝试构建一个河鲀养殖模型。

一、概念理解

1. 太湖银鱼属于（　　）。
   A. 鱼类　　　　　　B. 两栖类　　　　　C. 软体动物　　　　D. 节肢动物

2. 以下不是白鱼的特点的是（　　）。
   A. 尾俱向上而得名　　B. 体狭长侧扁，细骨细鳞，银光闪烁
   C. 食肉性经济鱼类　　D. 主要依靠天然捕捞

3. 中华绒螯蟹属于节肢动物的主要特征不包括（　　）。
   A. 附肢分节　　　　B. 用鳃呼吸　　　　C. 水栖　　　　　　D. 身体分头胸部和腹部

4. 以下古籍没有提到苏州食鱼文化的是（　　）。
   A.《吴越春秋》　　B.《晋书·张华传》　C.《吴郡志》　　　　D.《左传》

二、科学思维

1. 描述苏州地方文化特色。
2. 你是"老苏州"还是"新苏州"，说说苏州文化特色对你生活的方方面面产生的影响。

三、技能训练

　　由于大量捕捞，长江中的鲥鱼已经基本绝迹，刀鱼的产量也急剧下降，价格颇为昂贵。近年来，农业和渔业有了长足的发展，实现了人工繁殖水产品。人工养殖部分濒危物种取得了阶段性突破。请以第一人称的口吻，写一篇以保护苏州特色濒危水产品为主题的小作文，向社会宣传合理开发水资源以及可持续性发展的重要性。

第 5 章 鸟悦太湖
——太湖湿地鸟类研究

太湖——苏州的母亲湖，这里水壤交错，蒹葭苍苍。湖上飞鸿照镜，岸边蒹葭怡情。波浪缱绻无律，光影砥砺有声。太湖水以其湿润和灵动的特点与人类的生命和情感相通，而作为一种现实存在的太湖湖滨湿地，却以美丽的风光、温婉的水流、多彩的植被和珍稀的鸟类吸引着人们的目光。

一道斜阳铺水中，鹭鸣声声悬在空。如此美景是否会让你有一睹芳华的冲动呢？

内容提要

* 湿地特征和湿地鸟类对生态环境的重要作用
* 常见的太湖湿地鸟类的形态和生理特征
* 野外观察湿地鸟类的方法
* 保护湿地鸟类的科学方法

本章学习意义

太湖湿地生态系统的变化与人们的生活息息相关，鸟类作为太湖湿地环境的重要指标生物，对它的生存状况和保护情况的研究就显得尤为重要。

让我们一起走进本章，共同领略"落霞与孤鹜齐飞，秋水共长天一色"的自然美景吧！

第 1 节 草长平湖白鹭飞
——鸟与湿地

学习目标

了解
太湖湿地的生态价值
湿地鸟类的生态价值

制作
太湖湿地模型

关键词
- 湿地参考价值

艺术鉴赏

《太湖春色》
四八云端岛，峰连七二葱；
湖平天宇阔，山翠黛烟朦；
春在渚头上，人游画境中，
欢声腾四野，花映笑颜红。

知识链接

调查

调查时，首先必须明确调查目的，确定调查对象和调查内容，选择合适的调查地点和时间，制定调查方案。调查过程中要如实做好记录，对调查的结果要进行整理和分析。

湿地被称为"地球之肾"，是地球上水陆相互作用形成的独特生态系统。

太湖位于长江三角洲的南缘，古称震泽、具区，又名五湖、笠泽，是中国五大淡水湖之一。横跨江、浙两省，北临无锡，南濒湖州，西依宜兴，东近苏州。太湖不仅物产丰富，而且具有重要的生态学价值。

一 太湖湿地的重要价值

图 5-1-1 太湖湿地

太湖湿地生态系统在苏州具有调节小气候、控制洪水、提供生活用水、降解污染物、清淤通航、发展旅游和维持生态平衡等多种功能，有着特别丰富的生物资源，尤其是一些珍稀物种。因此，太湖湿地生态系统是江苏乃至我国重要的湿地保护区域。

探究·实践

调查和制作太湖湿地生态系统模型

1. 调查记录太湖湿地生态系统的成分并进行归类，进一步了解生态系统的组成、特点和各成分间的关系。
2. 请你利用一些生活中的材料（纸、图片等），根据太湖湿地生物特点，制作一个太湖湿地生态系统模型。
3. 通过这次调查，你有哪些收获？

二 鸟与湿地之缘

鸟类群落与环境的关系十分密切。环境作用于鸟类，鸟类依赖于环境又反映环境变化，因为鸟类对环境变化有高度敏感性，常常被用于监测环境变化。在生态上依赖湿地栖息的鸟类，是湿地生态系统中最活跃的组成部分，对于湿地能量流动和维持生态系统的稳定至关重要。

我国湿地是南北半球候鸟迁徙的重要中转站，是世界水鸟的重要繁殖地和东半球水鸟的重要越冬地。太湖湿地是候鸟迁徙线路"东亚—澳大利亚迁徙线"上的重要节点，大批候鸟如期而至，它们或低空盘旋，或走地觅食，成了冬季里一道独特的美景。

图 5-1-2 停留在湿地的候鸟

图 5-1-3 全球候鸟迁徙路线图（引自湿地国际，2006）

知识链接

湿地水鸟是指在生态上依赖于湿地，即某一生活史阶段依赖于湿地，且在形态和行为上对湿地形成适应特征的鸟类。它们以湿地为栖息空间，依水而居，或在水中游泳和潜水，或在浅水、滩地与岸边涉行，或在其上空飞行，以各种特化的喙和独特的方式在湿地觅食。无论它们在湿地停留的时间是长还是短，是日栖还是夜宿，是嬉戏还是觅食与筑巢，湿地水鸟在喙、腿、脚、羽毛、体形和行为方式等方面均会显示出其相应的长期适应的特征。

科学思维

以鸟儿为主的湿地设计

为了吸引更多的湿地水鸟和候鸟来太湖安家，使太湖成为更多留鸟的繁衍地、候鸟的栖息地，让人与鸟类更和谐共处，同时使太湖成为观鸟爱好者和研究人员的观测天堂，请你设计太湖湿地景观带的优化方案。

央视网：人鸟之争

湿地是千百万候鸟迁徙途中的生命绿洲，但是也伴随着众多威胁，人与自然的和谐相处需要每个公民的共同努力。看完《人鸟之争》纪录片，你有何看法呢？

一、概念理解

1. 下列属于生态系统的是（　　）。

   A. 太湖　　　　　　B. 太湖的所有植物　　　C. 太湖的所有动物　　　D. 太湖的所有生物

2. 某湖泊中存在着 A、B、C、D 四种不同的生物，研究者对其体内的食物成分进行了分析，并将结果绘制如下表：

生物种类		体内食物成分
A	鱼（甲）	鱼（乙）
B	小球藻	/
C	鱼（乙）	水蚤
D	水蚤	小球藻

请你回答下列问题：

（1）根据上表提供的信息，以食物链的形式表示这四种生物的取食关系（可用字母表示）_____ _____。

（2）此食物链中，生产者是_____，消费者是_____。

（3）此湖泊生态系统中的生物部分除了含有生产者和消费者之外，还应该包括_____。

（4）若此湖泊受到轻度汞有毒物质的污染，则 A、B、C、D 四种生物中含汞量最多的是_____，因为有毒物质会沿着食物链传递而逐级_____。

3. 下列有关生态文明的描述，错误的是（　　）。

   A. 生态文明以尊重和维护自然为前提

   B. 生态文明强调人的作用凌驾于自然之上

   C. 生态文明强调人与自然环境的相互依存、共处共融

   D. 生态文明以人与人、人与自然、人与社会和谐共生为宗旨

二、科学思维

请你谈一谈：在纪录片《人鸟之争》中，瀛东村的村民从以捕鸟为生存手段转变为爱鸟护鸟者的原因是什么？

第 2 节 莺歌解作千般语
——知鸟

你了解鸟吗？你是否有这样的经历：走在林间小路，时而听到鸟儿清脆的鸣叫声，时而忽然有一群鸟从你的头顶飞过！面对如此可爱的空中精灵，很想与它们来一场美妙的相遇相知吧？请跟随我们一起来探索鸟类知识吧！

学习目标

了解 鸟的主要特征
鸟的生态类群和居留类型
举例 说出太湖湿地常见的鸟类

关键词

- 鸟的主要特征
- 生态类群
- 居留类型
- 太湖常见鸟类

一 什么是鸟？

鸟，体表被覆羽毛的卵生脊椎动物。

鸟类主要特征：身体呈流线型（纺锤型或梭型），大多数飞翔生活。体表覆羽毛，一般前肢变成翼（有的种类翼退化）；胸肌发达；直肠短，食量大消化快；心脏有两心房和两心室，心搏次数快。体温恒定。呼吸器官除具肺外，还具有多个气囊辅助呼吸，即双重呼吸。

技能训练

观察鸟卵的结构

材料用具：
鸡卵或其他鸟卵、镊子、放大镜、培养皿。

活动过程：
1. 先用放大镜观察鸡卵的表面，发现卵壳有很多小孔。
2. 在鸡卵钝圆一端敲出裂缝。
3. 小心地剥去表面的卵壳。
4. 露出里面的卵壳膜。
5. 剪开卵壳膜，将鸡卵内的物质倒入纸杯中。
6. 观察内部的结构，认识卵黄、卵白和胚盘。

思考：
1. 鸡卵的哪一部分将来会发育成雏鸡？鸡卵各部分的作用是什么？
2. 不同鸟卵形态和结构一样吗？卵壳上为什么会有不一样的花纹和斑块呢？

科学思维

小小鸟卵，大大奥秘

鸵鸟蛋上站一个成年人也不会破，是真的吗？

为什么鸵鸟蛋可以承受这么大的重量呢？

图 5-2-2 鸡蛋与鸵鸟蛋

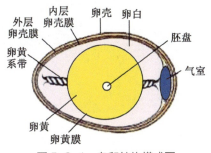

图 5-2-1 鸟卵结构模式图

二 鸟儿飞翔的奥秘

艺术鉴赏

鸟儿飞行的轨迹，居然这么美。

图 5-2-3　奥杜因海鸥
图片来源：Xavi Bou

图 5-2-4　长脚鹬
图片来源：Xavi Bou

知识链接

机器鸟是一种外形酷似鹰的遥控飞行器。

机器鸟的发明者穆斯特尔表示，他希望利用小鸟畏惧鹰等猛禽的特点，让机器鸟驱赶机场上空的鸽子等小鸟，从而避免发生鸟类冲撞飞机或是卷入飞机引擎的严重事故。

科学思维

图 5-2-5　动车车头

工程师们为降低空气阻力，应用仿生学和空气动力学理论，创作了100多种头型概念。为什么最后选定鹰嘴头型呢？

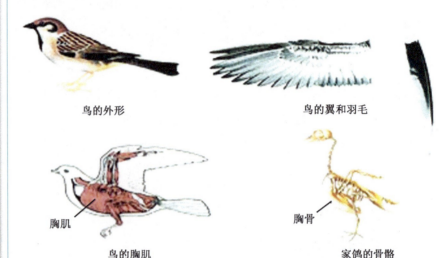

图 5-2-6　鸟类身体结构图

探究·实践

鸟类有哪些特征适合飞行生活呢？

材料用具：
活家鸽、软尺、家鸽的骨骼标本。

活动过程：

1. 家鸽的身体呈现什么形状？这与它的飞行生活有关吗？量一量家鸽两翼展开后的长度和身体的宽度，计算它们的比例。当家鸽飞行时，两翼的羽毛会撑开并增大其表面，这与飞行有关系吗？
2. 摸一摸家鸽的胸部肌肉，发达的肌肉对飞行有什么作用呢？
3. 家鸽的胸骨很发达，这与胸肌有关吗？家鸽骨骼比较轻，有些骨很薄，有些骨是中空的，这与它的飞行生活有什么联系？
4. 家鸽除了用肺呼吸外，体内还有发达的气囊，这些充满气体的气囊对家鸽的飞行有什么作用？

思考：
你能根据鸟类飞翔的特点设计一款机器鸟吗？

探究问题	鸟儿有哪些特征适合飞行生活呢？									
假设										
观察与分析	外形				结构		生理			
	体形	体表	翼	喙	骨	肌肉	消化	呼吸	循环	排泄
	特征									
	意义									
实验结论										

三 鸟的生态类群

根据鸟的生活方式和栖息习性，可将鸟类划分为 8 个生态类群。我国具有其中 6 个生态类群：

图 5-2-7 鸟的生态类群及形态特征示意图

✻ "莺歌燕语"之谜

研究发现，在人类大脑中，有特定的两个区域分别控制发出已经学会的声音和模仿、探索其他声音。具有鸣唱能力的夜莺、鹦鹉等鸟类也有类似的区域，并且基因表达模式与人类趋同。鸟类有 50 多个相关基因在上述区域表现出了相似的变化模式，而且这些基因能加强鸣唱学习区域和声带驱动神经之间的联系。

看似与普通人并无直接联系的鸟类研究，未来或将对人类生活产生影响。对鸟类语言进化的研究，将为研究人类的语言学习提供帮助，有可能解答关于人类言语的问题，如基因突变为何会导致语言障碍等，也将有利于对语言障碍患者进行治疗。

四 鸟的居留类型

很多鸟类会根据季节的变化，迁移到不同的地方过冬或繁殖。鸟类学家们通常将它们分为以下几个居留类型：

留鸟：终年生活在某地，不随季节更替而迁徙的鸟。

冬候鸟：秋天飞来某地越冬，翌年春天飞往北方繁殖的鸟。

夏候鸟：春天飞来某地繁殖，秋天飞往南方越冬，第二年春天再飞回原地区的鸟。

旅鸟：在迁徙途中，经过某地作短暂停留，再继续迁徙的鸟。

知识链接

鸣禽是数量最多的一类，占世界鸟的种类数量的五分之三，身体多为小型，体态轻捷，活动灵活，擅长鸣叫，巧于筑巢，如画眉、八哥、黄鹂、百灵、柳莺、山雀等。

知识链接

鸟类脚趾的形状和生活方式有密切关系。鸟类的爪有行走、栖木、涉水、握物、扒抓、搔痒和整理羽毛等多种功能，也是自卫和攻击的武器。大多数会游水的鸟，趾间都有蹼，脚蹼生在每个脚趾的两侧。大部分鸟有四趾，但也有三趾和两趾的。在四趾的鸟中，百灵、画眉等鸣禽是三趾向前，一趾向后，鹦鹉等攀禽是两趾向前，两趾向后。通常拇趾向后的鸟类适于树栖生活。

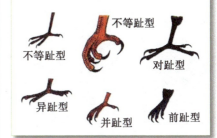

科学思维

请你根据所学的知识尝试将太湖湿地的常见鸟类做一个生态类群和居留类型的分类。

DIY

鹅毛笔

鹅毛笔在大约公元700年时普及，最强韧的鹅毛笔大多取自于鸟禽类翅膀最外层的五根羽毛，左侧翅膀的羽毛更佳，因为其生长的角度较能符合使用右手写字者的握笔习惯。除了鹅之外，天鹅羽毛制成的鹅毛笔更是稀有且昂贵；若要书写精细的字体，乌鸦的羽毛最佳，接着是老鹰、猫头鹰、火鸡等。手工切割的鹅毛笔是书写西方书法的首选工具，比金属制笔更能产生不同的笔触和韧性。鹅毛笔杆能吸附墨水，在书写时因毛细作用而有持续供水的效果。

图 5-2-8　鹅毛笔

五 太湖常见鸟类

棕背伯劳，25 cm，留鸟。嘴端带钩，眼罩黑色，上体砖红，尾长。善模仿其他鸟类的鸣叫声。

棕头鸦雀，12 cm，留鸟。嘴粗短，通体棕色，体型纤小而偏圆。喜结群于灌丛，叫声碎杂。

乌鸫，29 cm，留鸟。嘴黄色，全身黑色，雌鸟偏棕，叫声多变且悦耳。常被误认为乌鸦。

喜鹊，45 cm，留鸟。腹部白，翼上闪蓝色，具白斑，余部黑色。江苏省省鸟。

黑水鸡，31 cm，留鸟。黑色，额甲亮红色，体侧具横白线，尾下白色，善游泳。

白鹭，60 cm，夏候鸟。全身白，高挑优雅。繁殖期头后有两根细长饰羽。

苍鹭，92 cm，留鸟。体型大，全身灰白色，繁殖期头后有黑色饰羽。俗名"老等""青桩"。

小䴙䴘，27 cm，留鸟。身体矮扁，头顶黑，喉及颈偏红，眼线明黄色。冬羽偏棕灰。

图 5-2-9　太湖常见鸟类

探究·实践

鸟类孵化过程

鸟卵是鸟产下的卵，经孵化后破壳而出形成雏鸟。有的雏鸟体被羽毛，待水分干后即能随亲鸟活动觅食，叫早成雏；有的雏鸟身体裸露无羽，须留在窝中由亲鸟哺育，叫晚成雏。

活动过程：

从附近的孵鸡场选取已经孵化3天、7天、14天和20天左右的鸡蛋各一个（或自己用孵化箱进行孵卵），测量和记录鸡蛋的质量和长度，对照图5-2-10或视频，观察胚胎的发育情况并记录在表格中。

鸡蛋的发育天数	鸡蛋的质量/g	鸡蛋的长度/cm	胚胎发育情况
第3天			
第7天			
第14天			
第20天			

孵化过程：

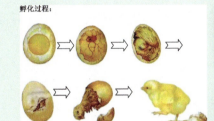 

图5-2-10 鸟类孵化过程示意图

试一试：

如果你在野外捡到鸟卵，如何判断鸟卵是否受精？你能制作一个孵化器，帮助小鸟孵化吗？

知识链接

鸟蛋是这样炼成的

在非繁殖期里，雌鸟的卵巢、输卵管（通常鸟类只有左侧卵巢发育，右侧的退化）会萎缩得很小。进入繁殖期，在激素作用下左侧卵巢和输卵管迅速发育膨大。卵巢内发育成熟的卵细胞（蛋的卵黄部分）进入输卵管（如果交配成功，会在输卵管上端受精），之后一路旋转蠕动下行，被依次包裹以均匀蛋白，内外壳膜，在输卵管末端包上蛋壳，最后被色素"染色"，一枚蛋就"完工"待产了。

——博物2014年第10期 鸟蛋传奇

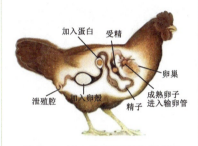

图5-2-11 仿鸡蛋的形成过程

❋ 寻找鸟类的痕迹

即使看不到鸟儿，你也可以寻找它们留下的痕迹。鸟儿在一年当中会留下许多痕迹，以下是一年四季里最常见的鸟类痕迹。

（1）任何季节都可以听到鸟儿的鸣叫，因为每种鸟的叫声都非常独特，你可以通过鸣叫声很快识别各种鸟儿，甚至还能设置一个鸟鸣时钟。

（2）你在春季可以找到空蛋壳和碎蛋壳；如果蛋壳的内面很干净，那就是雏鸟出壳以后留下的，你可以把这样的蛋壳收起来。

（3）夏季可以找到大量羽毛，因为此时鸟儿会换掉受损的旧羽毛，长出新羽毛。

（4）在秋季和冬季，当树木落叶以后，你可以看到树枝上的空鸟巢。

（5）鸟类的粪便也是常年可见的痕迹。鸟粪通常很稀薄，颜色随鸟儿吃下的食物而变化。

视频推荐：鸡孵化过程

一、概念理解

1. 下列鸟类的特征中，与其飞行生活没有直接关系的是（　　）。
   A. 身体呈流线形，体表覆羽毛　　　　B. 前肢变成了翼，有发达的胸肌
   C. 食量大，直肠短，可随时排便　　　　D. 具有筑巢、孵卵、育雏等行为

2. 依据下图补充鸟类适于飞行生活的形态结构和生理特点。

（1）鸟的身体呈流线型，可以减少飞行时_____的阻力，利于飞行。

（2）鸟的体表覆羽，前肢变成_____，生有几排大型的正羽，胸部有很突出的龙骨突，有发达_____，可牵动两翼完成飞行。

（3）鸟的骨骼坚固且_____而_____，长骨是_____的，可减轻体重利于飞行。

（4）鸟的消化能力强，_____很短，粪便随时排出，可减轻体重，利于飞行。

（5）鸟的呼吸能力强，除了肺这一器官外，还有许多与肺相通的_____；具有特殊的_____呼吸；这种特殊的呼吸方式满足了鸟在飞行时对_____的大量需要。

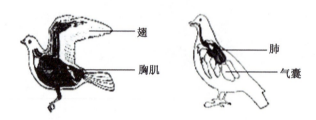

3. 候鸟都有迁徙的能力，世界上迁徙最远的鸟类是（　　）。
   A. 北京雨燕　　　　B. 大天鹅　　　　C. 北极燕鸥　　　　D. 丹顶鹤

二、科学思维

1. 影响鸟类迁徙的重要因素有哪些？

2. 候鸟的迁徙是否会带来禽流感等传染病？人类该如何应对？

三、技能训练

想一想太湖常见鸟类的特征，尝试不同的分类方法，例如，依据身体的大小将这些鸟进行分类。你能想出多少种分类方法呢？

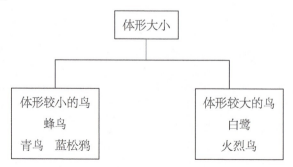

第 3 节 笑看山前百鸟过

——观鸟

自然界最精彩的是生命，春夏秋冬，风雨阴晴，鸟儿们或隐身于林间，或游弋于湖畔，或翱翔于山梁，让我们随鸟同行，与鸟为伴，尊重生命，敬重自然！

学会观鸟如同获得一张自然剧场的门票，随时可以去原野欣赏精彩演出。

如何做一个出色的观鸟者

一 装备篇

1. 望远镜

双筒望远镜：选择一部 7~10 倍之间，固定倍数，最好是 8 倍的双筒望远镜，用以观察林鸟，相当于把 8 米之外的物体拉近至 1 米，自然就能看清楚鸟儿的细节了。望远镜上的数字，例如 8×42 意思是 8 倍、物镜为 42 毫米。

学习目标

了解　识鸟和研鸟方法
实践　野外观鸟方法
制作　观鸟绿地图

关键词

- 观鸟装备
- 鸟类识别方法

图 5-3-1　望远镜

单筒望远镜：20~60 倍的单筒望远镜需要配备三脚架，通常用于观察远距离的水鸟。

镜片的镀膜不要选择鲜艳的红色或黄色，因为这会让你分辨不了鸟类羽毛的本色。

2. 观鸟手册/观鸟 APP

观鸟手册：目前比较合适的是《中国鸟类野外手册》。

观鸟 APP："中国野鸟速查"APP 涵盖中国现有的约 1 400 种鸟类信息，可通过各种鸟类特征进行检索，目前已支持 IOS 和 Android 两种版本。

艺术鉴赏

鸟

白居易

谁道群生性命微，一般骨肉一般皮。
劝君莫打枝头鸟，子在巢中望母归。

图 5-3-2　观鸟书籍

科学思维

区分鹳和鹭：

鹳飞行时伸长脖子；鹭的脖颈则缩成S形。

图 5-3-3　鹳

图 5-3-4　鹭

知识链接

神奇小鸟

图 5-3-5　安氏蜂鸟

安氏蜂鸟，长度 10～11 cm，两性异形。主要分布于北美洲西海岸，以花蜜为主食，也会捕食飞行的昆虫。这只神奇小鸟，羽色似乎是耍魔术般变幻。为何鸟儿的羽毛可以展现如此魔幻的色彩？

3. 相机：长焦单反相机是观鸟时记录鸟类美好瞬间的最佳工具。

4. 笔记本/笔：防水笔记本、圆珠笔、铅笔。

5. 录音设备：听声是辨鸟重要的方面，若有条件的可以准备一套录音设备，肯定会有意外的收获。

6. 衣着：太阳帽，不仅可以夏天遮阳、冬天保暖，还可以预防被鸟粪击中；长衣、长裤、便鞋和驱蚊液是南方鸟友需要的装备，免得忙于驱赶蚊虫没空享受；衣着颜色最好是贴近自然的深绿、土黄、咖啡、卡其、黑灰、迷彩等颜色，让你容易隐蔽在环境中，避免造成大的视觉冲击，鸟儿也就不会仓皇躲避了；一双舒适的徒步鞋。

7. 饮用水、食物：观鸟时会消耗一定的体力，所以需要补充能量。

二　识别篇

在大自然中，多数鸟类常隐匿枝叶之间不易寻见，或瞬间掠空而过，或受惊突然飞走，或逆光无法看清，因此，应根据形态、羽毛颜色、活动姿态和鸣声特点等予以准确迅速地识别。这些识别方法，既是研究鸟类学的一种重要手段，也是从事野外工作所必须具备的基础知识，对初学者来说，尤为重要。

（一）根据形态特征识别鸟类

1. 身体的大小和形状：

与麻雀相似者：文鸟、山雀、金翅、燕雀等；

与八哥相似者：椋鸟、鹩等；

与喜鹊相似者：灰喜鹊、灰树雀、杜鹃、乌鸦等；

与鸡相似者：松鸡、榛鸡、石鸡、竹鸡、勺鸡、长尾雉等；

与白鹭相似者：多种鹭类、大型的鹳及鹤等。

2. 嘴的形状：

长嘴者：翠鸟、啄木鸟、沙锥、鹭、䴉、鹳、鹤等；

嘴向下弯曲者：戴胜、杓鹬、太阳鸟等；

嘴先端膨大者：琵嘴鸭、勺嘴鹬等；

嘴呈宽而短的三角形者：夜鹰、雨燕、燕子、鹬等。

3. 尾的形状：

短尾者：鹧鸪、鹌鹑、斑翅山鹑、八色鸫、鹪鹩等，

长尾者：马鸡、长尾雉、雉鸡、杜鹃、喜鹊、寿带等；

叉尾者：燕鸥、雨燕、燕子、卷尾、燕尾等。

4. 腿的长短：

腿特别长者：鹭、鹳、鹤、鸨、鸻、鹬等。

（二）根据羽毛颜色识别鸟类

观察鸟类的羽毛颜色时，因逆光角度好像是黑色，容易产生错觉，故应顺光观察。除注意整体颜色之外，还要在短时间内看清头、背、尾、胸等主要部位，并抓住一至二个显要特征。

1. 几全为黑色者：鸬鹚、噪鹛、黑卷尾、乌鸦等。
2. 黑白两色相嵌者：凤头潜鸭、啄木鸟、喜鹊、家燕等。
3. 几全为白色者：天鹅、白鹭、朱鹮等。
4. 以灰色为主者：灰鹤、杜鹃、岩鸽、灰卷尾等。
5. 灰白两色相嵌者：苍鹭、夜鹭、银鸥、燕鸥等。
6. 以蓝色为主者：翠鸟、红嘴蓝鹊、蓝歌鸲、红胁蓝尾鸲等。
7. 以绿色为主者：绯胸鹦鹉、红嘴相思鸟、绣眼柳莺等。
8. 以黄色为主者：黄鹂、黄腹山雀、金翅、黄雀等。
9. 以锈红色为主者：红腹锦鸡、棕头鸦雀等。
10. 以褐色或棕色为主者：种类繁多，如部分雁、鸭、鹰、鹞、斑鸠、雉鸡、云雀、伯劳、鸫、画眉、树莺、苇莺等。

（三）根据鸣声识鸟类

在繁殖期的鸟类，由于发情而频繁鸣啭，其声因种而异，各具独特音韵，据此识别一些隐蔽在高枝密叶间难以发现的，或距离较远不易看清的鸟类，可收到事半功倍的效果。

1. 婉转多变：绝大多数雀形目鸟类。
2. 重复音节：重复一个音节的有灰喜鹊、煤山雀等；重复两个音节的有黑卷尾、黄腹山雀等；重复三个音节的有戴胜、大山雀等；重复四个音节的有四声杜鹃等，重复五六个音节的有小杜鹃等，重复八九个音节的有冠纹柳莺等。
3. 如吹哨声：响亮清晰或轻快如铃，如山树莺。
4. 尖细颤抖：多为小型鸟类飞翔时发出的叫声，似摩擦金属或昆虫翅膀，即颤抖又尖细拖长，如翠鸟、小尾燕等。
5. 粗厉嘶哑：叫声单调、嘈杂、刺耳，如雉鸡、野鸭、绿啄木鸟、三宝鸟、大嘴乌鸦、伯劳等。
6. 低沉：单调轻飘者，如斑鸠；声如击鼓者，如董鸡；等等。

三 研究篇

知鸟是知识的储备，观鸟识鸟是过程，重点是通过科学的调查方法去研鸟，进行比较分析并提出保护建议。

知识链接

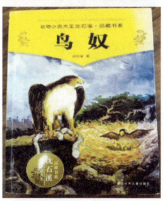

图 5-3-6 推荐阅读书目

艺术鉴赏

鸟精灵

图 5-3-7 镜头下的鸟类倩影

知识链接

绿地图（Green Map System）是在纽约成立的一家非营利组织，其工作内容主要致力于联合世界各地的人们，以绘制绿色地图的方式，帮助大家认识和描绘本地区的人文和生态环境。

（一）确定调查方法

1. 固定距离样线法

计算公式：$D=N/2LW$

式中 D 为鸟类种群密度，N 为鸟类总数量，L 为样线总长度，W 为单侧样线宽度。

2. 时间密度统计法

计算公式：$D=N/\triangle t$

图 5-3-8 样线法

式中 D 为鸟类常见性，统计的是每小时能看到多少只这类鸟。$\triangle t$ 表示观鸟时间，是从看到第一只鸟开始到结束观鸟的总时间。根据这个公式，如果每小时看到的数量大于 10 只，那就是优势种；如果每小时看到的数量在 1~10 只之间，那就是常见种；如果小于 1 只，那就是偶见种。

（二）完成现场记录

鸟类名称	环境	体形				体色							鸣声	数量
		体长	喙	头	腿、脚	尾	头	颈	胸	腹	背	翅	尾		

（三）撰写调查报告

活动地点：		活动日期：	
调查范围： 调查范围约 _____ 平方米		调查时间： $\triangle t=$ _____ 分钟	
鸟类名称	数量（N）	当天常见性 （$D=N/\triangle t$）	鸟类密度 （$D=N/2LW$）
品种A		只/h	只/m²
品种B		只/h	只/m²
总和		只/h	只/m²
总结			

图 5-3-9 绿地图

选定一个区域，如居住小区或者学校，开始你的观鸟之旅吧，并尝试制作一幅观鸟绿地图，你一定会有更多的发现！

一、概念理解

1. 鸟类发出美妙鸣叫声的器官是（　　）。
   A. 咽喉　　　　　　B. 鸣囊　　　　　　C. 鸣管　　　　　　D. 声带

2. 一天中，鸟类在（　　）的 2 小时比较活跃，喜欢鸣叫，比较容易被发现。
   A. 日出前和日落前　　B. 日出前和日落后
   C. 日出后和日落前　　D. 日出后和日落后

3. 江苏的省鸟是（　　）。
   A. 棕背伯劳　　　　B. 喜鹊　　　　　　C. 乌鸫　　　　　　D. 白鹭

二、科学思维

鸟撞飞机，即鸟和飞行状态中的飞机相撞。目前鸟撞飞机是威胁航空安全的重要因素之一，自 1988 年以来，由于鸟类撞击而引起的坠机事故已经造成约 219 人死亡。按理说，体型小、重量轻的鸟类与钢筋铁骨的飞机相撞应该是以卵击石的效果，为什么能把飞机撞坏？请你进行思考。

三、技能训练

校园鸟类小调查

了解了鸟类的知识和观鸟的方法，请你以校园鸟类为调查对象，制作一份调查表进行观察和统计。

第 4 节 巧借春阴护鸟鸣

——护鸟

学习目标

了解 护鸟现状

掌握 护鸟知识

关键词

- 鸟类环志
- 爱鸟周

知识链接

鸟类环志是当前世界上用以研究鸟类迁徙规律最经济、简便、有效的办法。通过对环志鸟回收所获得的信息进行分析,可以了解候鸟迁徙的时间、路线、范围、高度、速度和种群数量,以及候鸟年龄等生态学规律。

鸟类保护是自然环境保护中必不可少的一个环节,其对维持生物多样性起着重要的作用。

❀ 爱鸟周

爱鸟周是中国为保护鸟类、维护自然生态平衡而开展的一项活动。1981年9月,中国国务院批准了林业部等8个部委《关于加强鸟类保护执行中日候鸟保护协定的请示》报告,要求各省、市、自治区、直辖市都要认真执行,并确定在每年4月底至5月初的某一个星期为"爱鸟周",在此期间开展各种宣传教育活动。如,召开爱鸟周广播大会,举行爱鸟周学术报告会,悬挂人工鸟巢,发放和张贴爱鸟宣传画,等等。

❀ 保护鸟类从我做起

图 5-4-3 爱鸟护鸟调查

图 5-4-1 中国第一只带环志的白鹤

图 5-4-2 人工浮岛

请你为学校的"爱鸟周"策划一次主题活动并设计一份特别的宣传海报,一起加入爱鸟护鸟的队伍吧!

探究·实践

自制喂鸟神器——让鸟儿不再挨饿

在寒冷且食物匮乏的冬天给鸟类准备些食物,用生活中的材料自制一个喂鸟神器,让鸟儿不再挨饿,平安过冬。

材料用具:

简易的制作工具、螺丝刀、干净的矿泉水瓶子、废弃的纸盒、塑料绳、

第 5 章 鸟悦太湖
——太湖湿地鸟类研究

探究·实践

剪刀等。

活动过程：

1. 设计个性喂鸟器，画好设计图；
2. 根据设计图纸制作喂鸟神器；
3. 将食物放进喂鸟器，选择合适的区域悬挂。

探究·实践

自制生态浮岛——鸟儿的"诺亚方舟"

生态浮岛技术是以可漂浮材料为基质或载体，将高等水生植物或陆生植物栽植到富营养化水域中，通过植物的根系吸收或吸附作用，削减水体中的氮、磷及有机污染物质，从而净化水质的生物防治法，同时生态浮岛也会成为鸟儿栖息的场所。

材料用具：

自然采割的芦苇茎秆、KT板、塑料拉扣、纱网、细绳、绿萝等水生植物。

活动过程：

1. 设计个性生态浮岛，画好设计图；
2. 根据设计图纸制作生态浮岛；
3. 选择合适的区域放置生态浮岛。

鸟是人类的朋友，是翱翔蓝天的精灵，是与人类关系最为密切的野生动物。鸟类以它特有的鲜艳羽色、优雅动人的体态和婉转动听的鸣声，为人类带来了多彩的春天、欢乐的夏天、丰收的秋天和纯洁的冬天，受到人们由衷的喜爱。鸟类资源是一个巨大的生态基因库，它们的存在为人类社会的发展储存了可以利用的基因，是自然生态系统不可缺少的重要组成部分。让我们一起保护空中精灵，让大自然更加和谐美好！

艺术鉴赏

邮票上的鸟类

2008年2月28日发行《中国鸟》特种邮票1套6枚，分别为台湾蓝鹊、藏鹀、黄腹角雉、黑额山噪鹛、红腹锦鸡、白尾地鸦，面值均为1.20元，设计者是我国著名邮票设计家、画家曾孝濂先生。《中国鸟》特种邮票的发行，对宣传和保护我国珍稀濒危鸟类起到了积极的促进作用，在普及动物知识、传播科学文化、宣传动物保护等方面产生了良好的社会影响。

图 5-4-4

知识链接

苏州是鸟类栖息的天堂，至2017年，苏州地区观测到的鸟类已达342种，占江苏省鸟类的76.5%。苏州市自然湿地面积403万亩，是鸟类重要栖息地，为保护好湿地资源，全市已建成各类湿地公园21个，其中国家级6个、省级8个、市级7个；已认定市级重要湿地102个、一般湿地23个，全市自然湿地得到有效管控。

一、概念理解

1. 当在野外发现行动不便的鸟时，应该采取的措施是（   ）。

   A. 带回家细心喂养　　　　　　　　B. 立刻送到所在区县林业局

   C. 就近放在安全隐蔽处让它自行恢复　　D. 通知野生动物保护站

2. 在野外发现脚上套着有文字和编号的金属环的死鸟时，你应当（   ）。

   A. 没什么用，随手丢掉

   B. 留作纪念收起来

   C. 抄下文字、编号，写明时间地点，寄给全国环志中心

   D. 通知鸟类学会

3. 为了招引鸟类，人们悬挂人工巢箱。人工巢箱可以招引（   ）。

   A. 各种森林鸟类　　　　　　　　B. 画眉鸟等鸣禽

   C. 山雀等在洞穴中筑巢的鸟　　　D. 灰喜鹊等喜欢接近人的鸟

二、技能训练

1. 在你的住宅周围定点观鸟一天，统计一天中不同时间段你看到的鸟，做一个鸟时钟。
2. 你最喜欢那种鸟？尝试选用合适的材料制作一个 1∶1 的鸟模型。

三、科学思维

　　目前世界上有 8 条候鸟迁徙路线。其中经过我国主要有 3 条路线，第一条是西太平洋迁徙路线，主要是从阿拉斯加等到西太平洋群岛，经过我国东部沿海省份。第二条是东亚、澳洲的迁徙路线，主要是从西伯利亚经过新西兰，经过我国中部省份。第三条是中亚、印度的迁徙路线，主要是从中亚各国到印度半岛北部，实际是从南亚、中亚各国到印度半岛北部，经过西藏，翻越喜马拉雅山，经过青藏高原等西部地区。请你选择其中一条路线，根据这条路线的现状拟定科学有效的保护措施。

第 5 章 鸟悦太湖
——太湖湿地鸟类研究

一、概念理解

1. 鸟类最大的价值是（　　）。
   A. 经济价值　　　　　B. 文化和美学价值　　C. 生态价值
2. 国际湿地日是（　　）。
   A. 2月2日　　　　　B. 6月5　　　　　　　C. 12月1日
3. 凶猛的鸟被称为"猛禽"，其中属一级保护的大型猛禽有（　　）。
   A. 金雕　　　　　　B. 白肩雕　　　　　C. 苍鹰　　　　　D. 秃鹫
4. 野外观迁徙鸟的最佳时节是（　　）。
   A. 春季　　　　　　B. 夏季　　　　　　C. 秋季　　　　　D. 冬季

二、技能训练

惊飞距离是指人在鸟类惊飞之前能接近鸟类的距离，反映了鸟类对人为侵扰的适应程度。

为了更好地观察和研究鸟类，请结合研究候鸟路线及惊飞距离，为太湖湿地区域设计一个生态观鸟台，画出设计图，并配上图解说明。

三、科学思维

从始祖鸟的出现到现在，在这亿万年的漫长进化过程中，以鸟类为模型形成了许多卓有成效的导航、识别、计算、能量转换等系统，其灵敏性、高效性、准确性、抗干旱性都令人惊叹不已。人们研究这些结构和功能原理并加以模拟，用来改善现有的或创造新的机械、仪器、工艺，这就是仿生学研究的一项重要内容。请你选择其中一种你最感兴趣的仿生学成果，采用比较归纳、演绎推理等方法，分析其中蕴含的道理，并将研究成果制作成PPT，与同学们一起分享。